Histórias de comunidades e bibliotecas

Organização de
Jorge do Prado

Histórias de comunidades e bibliotecas

malê

Direção: Francisco Jorge & Vagner Amaro

Histórias de comunidades e bibliotecas
ISBN: 978-65-87746-75-3
Edição: Vagner Amaro
Assistente de Edição: Marlon Souza
Capa: Dandarra de Santana
Diagramação: Maristela Meneghetti
Revisão: Louise Branquinho

Texto revisado segundo o novo Acordo Ortográfico da Língua Portuguesa.

DADOS INTERNACIONAIS DE CATALOGAÇÃO NA PUBLICAÇÃO (CIP)
(Câmara Brasileira do Livro, SP, Brasil)
Vagner Amaro CRB-7/5224

H673 Histórias de comunidades e bibliotecas / Organização de
Jorge do Prado. – Rio de Janeiro: Malê, 2022
180 p.; 21 cm.

ISBN 978-65-87746-75-3

1. Biblioteconomia 2. Bibliotecas 3. Comunidades. Título

CDD – 020

Índice para catálogo sistemático: I Biblioteconomia 020

malê

Rua Acre, 83, sala 202, Centro. Rio de Janeiro
www.editoramale.com.br
contato@editoramale.com.br

Sumário

Apresentação

Jorge Moisés Kroll do Prado

Quem trabalha em biblioteca ou mesmo quem vivencia uma rotineiramente enquanto leitor já sabe: temos causos para contar. São dos mais variados: envolvendo outras pessoas, o próprio espaço ou o acervo. Das histórias mais simples às mais emocionantes, as bibliotecas são espaços vivos que vêm se remodelando ao longo dos anos e, por isso, permeadas por essas narrativas.

Em 2021 a Editora Malê, a convite do editor Vagner Amaro, me ofereceu a oportunidade de organizar um novo livro (em 2019, publicamos *Mediação da leitura literária em bibliotecas*). Optei por um tema que valorizasse nossas bibliotecas, demonstrasse seu potencial e relevância para as comunidades que atendem. O objetivo era reunir tanto práticas como reflexões teóricas propositivas para a transformação de bibliotecas em espaços que potencializem o ser humano a partir dos diferentes focos de atuação profissional.

Acredito muito no argumento do sociólogo Eric Klinenberg de que as bibliotecas são infraestruturas sociais, pois, além de ofertarem um espaço físico seguro, com livros, serviços e outros produtos, elas também acolhem, colaboram com a solução de problemas sociais, constroem e fortalecem sensos de cidadania, preservam e disseminam a riqueza cultural. Tudo isso sem distinção.

Pode parecer que esteja romantizando esta relação das comunidades com suas bibliotecas, mas neste livro você verá exemplos reais no Brasil do que Klinenberg mencionou. São histórias de afeto, compromisso, criatividade, mas, ao mesmo tempo, críticas, reflexivas e questionadoras. Afinal de contas, também temos muito ainda para avançar e fazer com que esses espaços sejam mais valorizados, principalmente por nossos governantes.

Eu espero que, assim como eu ao organizar esses textos, você se inspire com a leitura de *Histórias de comunidades e bibliotecas*. Que os projetos, atividades e atitudes aqui presentes motivem o seu trabalho na biblioteca em que está atuando ou até mesmo em que deseja atuar. As bibliotecas podem mudar vidas e inúmeras vezes não percebemos este potencial, logo, é fundamental que estejamos de braços abertos para esta possibilidade que é mais que real.

Florianópolis, janeiro de 2022.

- Capítulo 1 -

Livro, literatura, leitura e identidade: experiências de mediação informacional e educação para as relações étnico-raciais na biblioteca

Camila Araújo Sá

Gostaria de falar sobre leitura, literatura, biblioteca e identidade a partir de experiências pessoais. Para isso me apoio em diversas intelectuais, como Grada Kilomba, que entendem que nossas narrativas também são fontes de saberes e conhecimentos. Se a epistemologia eurocêntrica não reconhece subjetividades como fontes científicas, hoje, através do resgate de nossas memórias e histórias, construímos novas epistemologias e damos novos sentidos ao conhecimento. Neste relato, proponho me deslocar em tempos distintos, trazendo reflexões que me colocam não somente como objeto de estudo, mas como protagonista que analisa e pensa a própria história.

Creio que uma das possibilidades de construção de uma sociedade mais plural esteja na atuação em bibliotecas. Destaco a importância do trabalho de mediação informacional que se desenvolve desde a seleção dos acervos até o processo de tratamento técnico, o atendimento ao usuário, os processos administrativos e, por fim, a realização de atividades educacionais e culturais que incluam os saberes das populações invisibilizadas. Assim, contribuindo para o fortalecimento e positivação de narrativas não-eurocêntricas nesse espaço que deveria ser, desde sua constituição, concebido como democrático.

Lembro que em minha primeira visita à biblioteca não fiz o que era esperado ao frequentar esse espaço. Lembro que não sabia muito bem o que fazer com pés, mãos e olhos que olhavam nervosamente aquela nova estrutura. Percebo isso também nas bibliotecas em que atuei. Muitos frequentadores vão passear pelas estantes, perguntam se o espaço é gratuito, timidamente se sentam nos sofás e cadeiras, conversam quase que cochichando e muitas vezes só vão para bater papo mesmo ou descansar olhando para o nada. Entendo que sentem a necessidade de ter certeza que aquilo lhes pertence de fato, principalmente quando se vive em um contexto periférico, onde quase tudo nos negaram e tivemos que conquistar à força direitos básicos.

É inerente ao sujeito periférico a crença de que existe um grande abismo entre direitos e deveres. É quase como se ele não merecesse viver em sua própria metrópole, como se os edifícios que ajudou a construir não pudessem lhe pertencer também. Sabemos que muitas vezes isso é reforçado socialmente pelas instituições. Em Cidade Tiradentes, bairro do extremo leste da cidade de São Paulo, não existiam bibliotecas públicas. Aqui a presença do poder público se dá na percepção de sua ausência. Contraditório, mas aqui impera a falta de políticas públicas, de suprimento às necessidades básicas, de oportunidades aos moradores que se deslocam cotidianamente para o centro expandido para trabalhar, estudar e até mesmo buscar lazer. Há uma ideia generalizada de que lazer e cultura só podem ser adquiridos no centro da cidade, muitos acreditam que não podem acessar os teatros, cinemas e nem bibliotecas públicas. Ainda, muitas vezes não sobra tempo para realizar tais atividades, já que estão imersos nas grandes jornadas de trabalho e tempo de deslocamento de um bairro a outro.

As únicas bibliotecas que tínhamos acesso na infância eram as escolares. Pequenas e muitas vezes disfuncionais (serviam como depósito ou sala de castigo em muitas escolas), escondiam em suas estantes poucos livros de contos de fadas, gibis e livros didáticos. No início não me cativou, talvez fosse pelo seu propósito inicial – estar numa grade de disciplinas obrigatórias. Só depois viria a ser importante para meu processo de formação enquanto leitora, tal fato só foi possível quando uma professora de educação artística realocada se tornou responsável pelo espaço e o transformou em todos os sentidos, criando uma biblioteca educacional, cultural, de fruição, ação e transformação. Falarei um pouco mais dessa professora nos parágrafos seguintes.

É importante compreender que a análise crítica sobre o papel das bibliotecas é fundamental para pensar em um fazer biblioteconômico inovador. A biblioteca não pode ser pensada separadamente da sociedade. Por ser uma instituição social, é construída por ideologias e formas de relacionamento existentes nas interações sociais. Sendo assim, considerando as características da formação social brasileira, a biblioteca também seria um espaço de perpetuação de racismo institucional, como demonstrado em um livro pioneiro da pesquisadora negra maranhense Francilene Cardoso (2015). Essa obra é resultado de pesquisa desenvolvida em programa de pós-graduação em Ciência da Informação, que aborda a questão étnico-racial em bibliotecas públicas do Maranhão.

Em sua obra, evidencia que as bibliotecas públicas foram pensadas e organizadas para atender tão somente às elites brancas, dessa forma, em sua organização institucional segue reproduzindo a exclusão da população afrodescendente, seja não contemplando seus conhecimentos ou não inserindo em suas programações propostas para essa população.

Como intervenção ou possível conversão desse quadro de desigualdade, pensa-se em uma educação para as relações étnico-raciais que envolva toda e qualquer discussão que busca a igualdade, principalmente nos ambientes educacionais, lugares estes em que o respeito, a educação e o exercício dos direitos deveriam coexistir (SILVA, 2017). Ao relacionar a biblioteca às atividades educacionais, compreende-se que se deve promover o acesso dos leitores ao acervo e às atividades para que a comunidade se sinta parte fundamental da construção desse espaço.

Gomes (2016) e Silva (2018) sugerem que as bibliotecas devem oferecer subsídios que supram a necessidade da comunidade, promovendo divulgação dos materiais, interação com os usuários e diálogos sobre respeito à diversidade, tornando-se de fato um espaço democrático. Cardoso (2015) explica que uma biblioteca que pretenda ser democrática precisa assumir a diversidade étnico cultural do contexto em que está inserida, analisando criticamente os conteúdos e imagens estereotipadas dos negros, e, principalmente, identificar as histórias silenciadas. Esses dispositivos são uma estratégia de inclusão de outros saberes que possibilita tornar a biblioteca mais multicultural e, portanto, democrática. Sem um instrumento normativo que norteie ações voltadas para grupos marginalizados, impossibilita que a biblioteca possa atender um público de uma maneira igualitária, já que ainda se perpetua no imaginário social o mito da democracia racial, em que as práticas racistas são vistas como algo comum e, no entanto, natural (LIMA; ALMEIDA, 2019).

Penso que para a transformação dessa estrutura social, enquanto profissionais da informação, precisamos reverter lógicas tradicionais ou adicionar novos componentes, como práticas significativas, reconstrutoras de sentido e identidade. Creio que isso é possível com a mediação.

Com 9 anos, os únicos livros que eu havia lido tinham sido a Bíblia e livrinhos de histórias bíblicas. Apesar de ter sido alfabetizada muito cedo em relação às crianças do meu contexto (aos 5 anos), nunca havia tido o privilégio de ler um livro que não falasse apenas de Jesus. Meus pais não tinham condições de comprar outros livros, então a leitura nunca foi algo relevante. Meus olhos arderam de curiosidade ao ver todos aqueles livros, queria saber o que me aguardava, mesmo relutante.

Muito se fala em relação aos altos índices de "não-leitores" no país, fico pensando sobre isso, e ao ler Michèle Petit e clássicos como Paulo Freire, constato que não basta ter um livro, ou a imposição de um livro como estratégia de reversão de tal quadro, é preciso ter um plano de fundo, um contexto. É necessário conectar o sujeito a sua realidade, a suas questões sociais e individuais. Em sua pesquisa sobre jovens da periferia da França, Michèle Petit (2009) constata uma série de impossibilidades e possibilidades que cercam estes estudantes. Ela busca entender o que leem e como se aproximaram desse universo. Notamos nos relatos desses jovens o deslumbramento e encantamento por uma narrativa, por uma pessoa que leu ou até mesmo pela possibilidade de sair de sua realidade.

O que poderia vir a ser a motivação para inserção no mundo da leitura? Como uma criança negra e periférica, por exemplo, poderia se conectar com a leitura se os espaços lhe são negados ou por muitas vezes o profissional dos espaços não tem um olhar acolhedor para suas necessidades e desejos? Muitas vezes, a invisibilização e o racismo se apresentam desde o atendimento inicial. É preciso existir alguém disposto a segurar nas mãos desse novo leitor e introduzi-lo no universo da leitura de forma comedida e atenta. Ter o espaço é fundamental porque se efetiva o direito ao acesso, mas para além do espaço existe o papel do mediador, este é o responsável pela viabilização de um encontro entre o objeto livro e o possível leitor.

Almeida Junior (2008) apresenta uma possibilidade de análise ao conceber que o objeto da Ciência da Informação é a Mediação mais do que a Informação. O autor defende que o profissional da informação trabalha com a informação registrada em suportes físicos, mas também com oralidade e ação cultural, e que a Ciência da Informação não pode se restringir à primeira. Assim, é possível pensar que relacionar todos os atravessamentos de conhecimentos e memória será importante para compreender e ter informação para além da sua materialidade. A mediação estará na construção do dispositivo e no planejamento das ações cotidianas, as quais vão desde o aprendizado na universidade e desencadeiam nas ações diárias dos profissionais.

Felizmente existem novas gerações comprometidas com o fazer cultural e social, que compreendem o papel político da leitura e se empenham na formação de leitores. Conheci na biblioteca da escola a Professora Sabina, que até hoje me recordo com carinho e que sempre a vejo no bairro e nas atividades de fomento à leitura. Para mim, ela foi uma figura fundamental. Primeiro como mediadora, contadora de histórias e educadora, mas seu papel principal foi na luta pela afirmação da identidade. Ela nos recebia muito bem naquela que eu futuramente chamaria de melhor aula. Pesquisava metodologias educacionais, nos inspirava com novos contos e, principalmente, foi a primeira professora responsável por apresentar livros com crianças negras e/ou histórias positivas sobre a África.

O que mudou para mim, uma criança negra que nunca havia tido contato com nenhum livro sequer? Sendo uma mulher negra, a Professora Sabina entendia a subjetividade que nossos corpos carregavam, também compreendia o ambiente em que estávamos inseridos. Ela fazia questão de nos falar sobre a África e contar histórias que exaltavam a beleza dos cabelos e das peles de meninas negras. É ingenuidade não acreditar que crianças negras sofrem racismo ainda hoje na escola. Lembro-me de encontrar na biblioteca um lugar seguro para ler sobre o que eu quisesse e me sentir estimulada pela minha inteligência e beleza. Ela sempre me dizia que eu deveria trabalhar em biblioteca também e que eu seria muito bem sucedida.

Hoje percebo a importância do meu corpo negro em uma biblioteca. Consigo enfrentar estereótipos que me colocaram como um ser *não pensante* e incapaz de produzir sentidos. Consigo reverter a lógica de um sistema que não enxerga meu potencial intelectual e que me vê como um mero corpo, objeto de subserviência. Compreendo como sou importante ao usar meu cabelo natural e ver outras meninas negras voltarem o olhar para mim, dizerem que eu sou bonita e ao mesmo tempo enxergarem a beleza antes não vista em si mesmas. Meu corpo é também um livro que transmite emoções, memórias e histórias de uma ancestralidade e conhecimento que nos foram negados. Elas se sentem felizes quando alguém como eu é responsável por intervir em situações de racismo e preconceito racial às quais são submetidas no cotidiano.

Existem diversas pesquisas e estudos que demonstram que as crianças negras não recebem atenção e estímulo suficiente e isso impacta diretamente em seus futuros. O processo do racismo gera uma imobilidade social já conhecida e perpetuam a baixa autoestima dessa população. Hoje vejo meninas negras que antes não gostavam do cabelo e do nariz dizendo que gostariam de ser modelos, mas que também desejariam muito ser bibliotecárias, professoras, astronautas ou o que mais desejem ser, pois veem uma nova possibilidade através do processo de mediação. As minhas vivências identitárias que foram semelhantes às suas me possibilitaram fazer uma mediação para além da leitura do livro, realizando a leitura do mundo, fomentando o pensamento crítico e possibilidades de futuro.

Cardoso (2015) e Lima *et al.* (2018), em trabalhos distintos sobre Política de Desenvolvimento de Coleções em unidades de informação, sugerem que uma das alternativas para abordar a temática supracitada é no investimento em um acervo teórico e literário que retrate a história, a memória, a cultura e a contribuição africana e afro-brasileira na construção do Brasil e que destaque a representatividade positiva dessa população. Para além do acervo, desenvolvem-se ações socioeducativas, contribuindo na formação dos indivíduos através da mediação de leitura, principalmente dos livros escritos por autores e autoras negras (SILVA; FONTES, 2017).

Uma das alternativas é fomentar a educação para as relações de igualdade racial através do livro de literatura. Apesar de estudos e índices que demonstram a invisibilização do escritor negro no mercado editorial (DELCASTAGNÉ, 2008) ou da existência de uma representação estereotipada de personagens negros em clássicos (DUARTE, 2008), por exemplo, existem produções de diversos escritores e escritoras afro-brasileiros que por muitas vezes não são reconhecidos ou introduzidos nos acervos das bibliotecas. O que significaria ler essas obras? Significaria se deslocar do lugar comum de escritas eurocêntricas para compreender novas histórias e memórias.

Nas diversas instituições em que trabalhei, costumamos realizar ações culturais de incentivo à leitura, introduzindo obras como contos, crônicas e poesias de escritores negros como Conceição Evaristo, Cidinha da Silva, Kiusam Oliveira, Sacolinha, Jennyfer Nascimento, entre outros. O público é variado, desde crianças até mais velhos, e os convidamos a sentar em roda e partilhar uma leitura de um trecho pré-selecionado. Com as crianças, isso ocorre de forma espontânea, de acordo com a manifestação de seus desejos. Por mais que a roda de leitura nos leve para outras temáticas que não somente a questão racial, damos visibilidade a estas escritas e também possibilitamos o olhar para o outro e para si. Lembro-me de alunos perguntando se tais escritores ainda estavam vivos e até alguns que se espantavam por sua cor de pele e origem. Entendo que imbuídos da ideia de que autores só pudessem ser homens mais velhos com suas penas e óculos minúsculos.

A obra literária também exprime relações sociais. A partir de sua leitura é possível ressignificar os olhares. Pessoas que nunca antes leram, ao ver um conto como de Conceição Evaristo, que relembra os olhos de sua mãe, ou trechos de Carolina Maria de Jesus sobre a fome, conectam-se à sua própria realidade ao se enxergar nas linhas escritas e passam até mesmo a pensar na possibilidade do registro de sua própria história de vida. Não que escritores negros falem somente das experiências sobre racismo, e que necessariamente tenham uma linguagem mais compreensível, mas, muitas vezes, a experiência de ler algo contemporâneo e que se conecta com suas narrativas é muito sintomático. Isso no sentindo de construção de identidade e de aproximação do objeto livro através de uma narrativa subjetiva.

Minhas experiências mostram que é quase que imediato o processo de identificação e celebração da leitura conjunta desses materiais. Temos de início um público ressabiado e desconfiado pela proposta quase indecente de sentar para fazer uma leitura conjunta. E qual não é a surpresa quando, ao final da atividade, pegam emprestados dois livros ou mais, pois se encantaram pela leitura? Trabalhar em bibliotecas públicas e escolares em lugares periféricos me fez constatar duas coisas: a primeira é que temos um potencial público leitor e a segunda é que também temos um público escritor, pronto a falar o que sente e pensa, mas que só faltava uma oportunidade. E o que falta, então, para que comecemos a criar estratégias para que essas pessoas exerçam seus direitos à leitura?

Atividades como saraus, *slams* e encontros com autores também nos permitem demonstrar para o público a possibilidade de criação literária para todos. Lembro-me de um clube com idosos em que lemos um trecho do livro da Djamila Ribeiro. Esse encontro durou cerca de três horas, eles comentavam suas próprias experiências, concordavam ou discordavam e ficavam intrigados e maravilhados por cada trecho novo lido. Qual não foi nossa surpresa quando, em uma palestra da autora, os vemos sentados na primeira fileira da atividade, atentos à fala da autora e até mesmo se emocionando?

É importante salientar que essas ações devem ocorrer de forma orgânica, promovendo autonomia e liberdade, nunca devem ser impositivas. Para os clubes, não obrigamos ninguém a ler previamente ou ter um conhecimento sobre a obra ou autor. É importante realizar uma leitura conjunta, inclusive sem se importar com como a pessoa lê, se pausadamente, se pulando palavras. A cada trecho vamos parando para observar o que o autor nos apresenta, sem necessariamente fazer juízos de valores. É preciso que estejamos abertos para que a temática dê grandes voltas, o que pode se tornar um grande bate-papo no fim. Mas, para mim, o mais importante é que a leitura tenha esse efeito contagiante. Que as pessoas se empolguem, que falem umas com as outras e que se lembrem por muitos anos dessas experiências. Isso contribuiria, inclusive, para desmistificar o papel da biblioteca, constatando que não é o lugar somente da leitura concentrada, silenciosa e para si, mas também de trocas, encontros, cafés, abraços e sorrisos.

Quis demonstrar na mistura de meus relatos pessoais, de trabalho e através de autores o poder transformador da mediação que tenha como objetivo a educação para as relações étnico-raciais. Além de combater a invisibilização dos autores negros, cria-se uma identificação com seu público e, sobretudo, tem também um papel relevante no combate ao racismo. Se hoje atuo em bibliotecas com olhar muito sensível às questões étnico-raciais, tem a ver com o papel fundamental da Sabina inicialmente. Ressignifiquei minha identidade através da sua mediação, futuramente fui pesquisar e aprender sobre possibilidades de construir sentido nos lugares por onde passei. Sou grata pelo aprendizado de crianças, idosos, adolescentes, adultos e colegas de trabalho, que me permitiram aprender e fazer junto, entendendo que a educação se faz com a aldeia.

REFERÊNCIAS

ALMEIDA JÚNIOR, Oswaldo Francisco. Mediação da informação e múltiplas linguagens. **Pesquisa brasileira em Ciência da Informação**, Brasília, v. 2, n. 1, p. 89-103, jan./dez. 2009.

CARDOSO, Franciele do Carmo. **O negro na biblioteca**: mediação da informação para construção da identidade negra. Curitiba: CRV, 2015.

DELCASTAGNÈ, Regina. Entre silêncios e estereótipos: relações raciais na literatura brasileira contemporânea. **Estudos de Literatura Brasileira Contemporânea**, v. 31, p. 87-110, 2008.

DUARTE, Eduardo. Literatura afro-brasileira: um conceito em construção. **Estudos de literatura brasileira contemporânea**, n. 31, p. 11-23, 2008.

GOMES, Elisangela. Afrocentricidade: discutindo as relações étnico-raciais na biblioteca. **Revista ACB**, v. 21, n. 3, p. 738- 752, dez. 2016.

LIMA, Graziela dos Santos; ALMEIDA, Carlos Cândido de. Abordagens socioculturais na organização do conhecimento: subsídios teóricos para representação da cultura afro-brasileira. *In*: Encontro Nacional de Pesquisa em Ciência da Informação, n. 20, 2019. **Anais...** XX ENANCIB, 2019.

LIMA, Graziela dos Santos *et al.* Africanizando os acervos: política de gestão de acervos para bibliotecas especializadas na temática afro-brasileira e africana. **Revista Brasileira de Biblioteconomia e Documentação**, v. 14, n. 3, p. 88-103, set./dez. 2018.

PETIT, Michèle. **Os jovens e a leitura**. São Paulo: Editora 34, 2009.

SILVA, Andreia Sousa; FONTES, Sandra Regina. Diversidade étnica na biblioteca e a aplicação da lei nº 10.639/03. **Revista Brasileira de Educação em Ciência da Informação**, v. 4, n. 1, p. 199-214, 2017.

SILVA, Franciele Carneiro Garcês. **Bibliotecári@s Negr@s**: ação, pesquisa e atuação política. Florianópolis, SC: Associação Catarinense de Bibliotecários, 2018.

- Capítulo 2 -

Prosas de violetas: biblioteca escolar e empoderamento da mulher idosa

Odilia Barbosa Ribeiro Fernandes
Tamires Cassia Rodrigues Okada

No livro *Quarenta dias*, de Maria Valéria Rezende, acompanhamos a história de uma mulher que, ao se aposentar como professora, é convocada a abandonar o seu chão, sua rotina e sua história para atuar em tempo integral como avó. "Em resumo, o certo pra ela era que eu, afinal, já tinha chegado ao fim da minha vida própria, agora o que me restava era reduzir-me a avó" (REZENDE, 2014, p. 26). O texto literário nos conduz a uma espécie de surto no qual a personagem vive quarenta dias como moradora de rua enquanto tenta se reencontrar como mulher e como protagonista da própria vida após atender ao pedido da filha e se mudar de cidade para atuar como avó de um bebê ainda não gerado. O trecho dessa história foi lido e discutido por mulheres idosas na biblioteca de uma escola social em Londrina, interior do Paraná.

E não somente trechos dessa obra, mas de muitas outras, uma vez que por meio da literatura temos buscado refletir sobre o papel da mulher idosa em nossa sociedade. Será que são apenas avós? Quais são os desejos dessas mulheres e como elas se realizam? Outro ponto a se refletir é: será que as bibliotecas escolares deveriam atender mulheres idosas também? Ao pensar que sim, o projeto Prosas de Violetas foi idealizado para atender mulheres idosas residentes do território da escola, região socialmente vulnerável.

Criado em 2019, o projeto aconteceu no espaço da biblioteca com encontros mensais e contou com a mediação de textos literários de autoria feminina, roda de conversa e diversas atividades lúdicas como artesanato, pintura em tela, jogos teatrais, entre outras. O objetivo foi oferecer atividades reflexivas com leveza e encantamento de modo a proporcionar a interação entre mulheres idosas a fim de fomentar a construção de uma rede de apoio entre elas e, assim, minimizar o distanciamento social ao qual muitas são submetidas após deixarem o mercado de trabalho.

Com o desenvolvimento do projeto, o espaço da biblioteca, que elas nem sabiam que existia, passou a ser um ponto de encontro, lugar de fazer amizade, de diversão e conversa. Lugar da comunidade.

Outro foco do projeto é o incentivo à leitura, que aconteceu por meio da mediação de textos literários nos encontros. A cada mês as participantes tinham a oportunidade de conhecer um novo texto de diferentes autores, com foco na autoria feminina. Além disso, a biblioteca, que é caracterizada como escolar, também é aberta à comunidade e proporciona o acesso ao acervo para consulta e realização de empréstimos de obras.

Algumas participantes são analfabetas, outras são leitoras, e elas convivem e se ajudam nesse projeto. Durante a reunião a leitura é feita pelas mediadoras, as idosas são convidadas a ouvir o texto selecionado num momento de encontro com a literatura, o que na maioria das vezes não acontece em outro espaço. Uma iniciativa potente, capaz de criar sentidos e ressignificar a vida.

Aqui a subjetividade do encontro literário toma conta

do ambiente, cada texto fala de um modo para cada uma dessas mulheres, algumas comentam sobre como se sentiram após a escuta, outras apenas guardam para si. Acreditamos na literatura como uma porta de entrada para o diálogo e também como um direito, como afirma Antônio Candido (2011), um direito que não pode ser negado nem negligenciado. De fato, no caso dessas mulheres esse é um direito que elas não imaginavam que tinham e cada texto lido é um passo ao encontro da arte, proporcionado pela nossa pequena biblioteca, que, como já dissemos, até pouco tempo elas nem sabiam que existia.

Na escola, as crianças interrompiam suas brincadeiras de pega-pega no pátio para receber, curiosas, as mulheres idosas que chegavam nesse espaço, algumas com dificuldades de locomoção e com o uso de andadores. Todas eram recebidas com entusiasmo, em especial as que eram avós de nossos educandos.

O nosso próximo passo no projeto, em planejamento antes do início da pandemia, era promover a participação das crianças e adolescentes nos encontros do Prosas de Violetas, de modo a propiciar a vivência intergeracional em nossa escola, causar a empatia e promover o respeito. O isolamento social nos atrasou nesse sentido, mas no futuro esperamos usar o ambiente da horta comunitária existente na escola como um ponto de encontro entre as crianças e as idosas e ofertar ali oficinas de plantio e colheita de hortaliças, frutas e ervas.

Por hora, notamos que a escola passou a ser valorizada pela comunidade com a inclusão de mulheres idosas nesse ambiente. A construção do sentimento de pertença com a biblioteca escolar impulsiona nosso trabalho e movimenta a circulação de acervo no território, pois a partir da presença da comunidade na escola os educandos perceberam que suas famílias também eram bem-vindas na biblioteca e passaram a convidar os pais e parentes para frequentar o espaço e fazer uso de seus recursos.

Para nós esses são excelentes resultados, pois o projeto Prosas de Violetas nasceu justamente deste sentimento de que a biblioteca escolar precisava romper os muros da escola e chegar até as pessoas que residem ao entorno dela, contribuir de alguma forma com essa comunidade e poder também receber contribuições dela.

O planejamento dos encontros foi preparado por uma equipe multidisciplinar, formada pela bibliotecária da escola, assistente de biblioteca, assistente social e uma estagiária de assistência social, o que enriqueceu o trabalho realizado por meio de diferentes olhares e mãos. E os temas, como já mencionamos, foram selecionados a partir da escuta realizada com as participantes do projeto, que a cada encontro manifestaram sugestões de atividades e dinâmicas que gostariam de realizar.

O nome Prosas de Violetas foi inspirado no símbolo da flor violeta, que representa a *simplicidade*, valor que norteia as atividades. O acolhimento carinhoso aliado a uma boa prosa garantiu a adesão ao projeto iniciado em 2019 com 20 participantes, entre 65 a 89 anos de idade, todas residentes próximas da escola social, sempre visando promover o acesso à informação, cultura e literatura, além da interação com a biblioteca.

É importante enfatizar que o empoderamento da mulher idosa se relaciona inclusive à saúde, é uma ferramenta essencial na educação e que dialoga com a participação comunitária. Uma vez que por meio do empoderamento e aprendizado os grupos de indivíduos se tornam capazes de vivenciar distintas etapas da vida, lidando com possíveis limitações (ANDRADE, 2018).

Esse empoderamento só é possível se construído no coletivo, por isso o trabalho com esse grupo de mulheres é tão importante para a comunidade, pois é ali, no espaço da biblioteca, que buscamos construir a sororidade entre as idosas que residem no mesmo território, mas que em muitos casos não se conheciam e não se ajudavam no cotidiano. Essa rede de apoio pode contribuir com a própria comunidade, visto que, uma vez fortalecida e ciente de seus direitos, pode se organizar para buscar melhorias para o território.

O projeto então traz, como o próprio nome já diz, um momento de "prosa" no qual elas são provocadas a refletir e a dialogar sobre diversos temas. Desse modo, considerando o Estatuto do Idoso (BRASIL, 2013, p. 11):

> Art. 10. É obrigação do Estado e da sociedade, assegurar à pessoa idosa a liberdade, o respeito e a dignidade, como pessoa humana e sujeito de direitos civis, políticos, individuais e sociais, garantidos na Constituição e nas leis.

O projeto busca respeitar e dignificar mulheres idosas, contribuindo com a qualidade de vida por meio das atividades e garantindo um espaço de diálogo sobre os direitos do idoso. Contempla ainda o direito à cultura e ao lazer conforme o capítulo cinco do mesmo estatuto: "O idoso tem direito à educação, cultura, esporte, lazer, diversões, espetáculos, produtos e serviços que respeitem sua peculiar condição de idade" (BRASIL, 2013, p. 18).

Os objetivos que norteiam as ações do projeto Prosas de Violetas são a oferta de atividades para a melhoria da qualidade de vida de mulheres idosas do território no qual se localiza a biblioteca, o incentivo à leitura dessas mulheres por meio da mediação de textos literários, a criação de um espaço de fala no qual as idosas possam refletir e debater diversos temas e, por fim, a valorização e o empoderamento dessas mulheres através da oferta de atividades lúdicas e divertidas.

Os textos literários selecionados para os encontros priorizam a autoria feminina de modo a valorizar escritoras e a tornar suas obras conhecidas pelas mulheres idosas. O objeto livro está sempre compondo a ambientação dos encontros e fica ao alcance das participantes para que possam folhear e explorar. O trabalho de curadoria dos textos que são mediados no encontro busca estar alinhado com o tema da roda de conversa, de modo que a literatura seja o ponto de partida para a discussão do dia e possa provocar novos olhares.

As rodas de conversa sempre partem de um tema proposto, como "direitos da mulher idosa", "feminismo", "espaços ocupados por idosas", dentre outros, e todas são convidadas a contribuir com o diálogo com suas opiniões. Para esse momento usamos a metodologia do objeto de fala, um objeto que passa de uma pessoa para outra sinalizando de quem é o momento de falar, de modo que as falas sejam respeitadas e não sofram interrupções. Isso contribui para que até as pessoas mais tímidas tenham seu momento de expor suas impressões e opiniões, que são sempre acolhidas sem julgamento.

Nesses momentos de diálogos já houve falas preconceituosas e machistas, que também foram acolhidas, respeitando o fato de que muitas participantes cresceram num ambiente com pouco acesso ao estudo e às diversidades. Apesar do respeito, buscou-se mediar essas situações de modo afetuoso, mas educativo para apresentar novos olhares e desmistificar preconceitos.

Figura 1 O livro como objeto norteador dos encontros

Fonte: Autoria própria.

Assim, esse momento de roda de conversa passou a ser um espaço de aprendizado e de troca no qual as participantes expunham suas vidas, contribuindo com suas histórias e se relacionando. Nós, enquanto equipe, aprendemos muito com esses diálogos, sempre levávamos um tema para a roda e ao fim saíamos impressionadas com a riqueza do que era partilhado por elas e com as nossas formações pessoais e profissionais enriquecidas.

As atividades lúdicas realizadas incluíram jogos, brincadeiras e arte (como jogos teatrais e pintura em tela). A ideia era proporcionar momentos de interação e diversão para que as participantes se conhecessem melhor e formassem entre si uma rede de apoio com a qual pudessem contar também em outros momentos. Uma das atividades mais pedidas por elas era o bingo, para o qual certa vez buscamos brindes no comércio local e em outra ocasião as próprias participantes trouxeram prendas de suas casas, artesanatos, bolos e até plantas de seus jardins como prêmios.

Um dos diferenciais do projeto, como já citado, é a acolhida. As participantes são recebidas com a biblioteca decorada, com música e mesa de chá. Procuramos por meio de pequenos gestos mostrar o quanto elas são queridas e bem-vindas nesse espaço. Para essa recepção utilizamos poucos recursos financeiros, o ambiente era modificado com o afastamento das mesas e a organização das cadeiras em círculo. A mesa de chá era decorada com as ervas colhidas na horta da escola. Com isso gostaríamos de mostrar o quanto projetos em bibliotecas dependem mais de recursos humanos do que de investimento financeiro.

Figura 2 Mesa de chá

Fonte: Autoria própria.

O chá inclusive é bastante simbólico no projeto, visto que na primeira escuta realizada com elas foram ouvidos depoimentos de que tomar chá era uma atividade que várias delas gostavam e que representava um autocuidado prazeroso. Uma vez em posse dessa informação, a equipe da biblioteca passou a ornamentar uma bela mesa de chá com ervas colhidas na horta da escola, fornecendo ainda informações sobre as ervas usadas e seus benefícios para a saúde.

Os encontros mantiveram essa estrutura, mas sempre traziam à tona um tema diferente de modo a proporcionar conhecimento e diálogos. Desse modo tínhamos sempre novidades para recebê-las. Nenhum encontro era igual ao outro e algumas das atividades lúdicas também eram desafiadoras, como os jogos teatrais que propunham que as idosas criassem cenas e se apresentassem umas para as outras.

Como medimos o sucesso? Número de participantes? Prêmios recebidos? Resultados publicados na mídia? Certamente esses são indicativos importantes para bibliotecas, mas nesse caso um indicativo nada convencional nos chamou atenção. Percebemos o forte senso de pertencimento que essas mulheres idosas desenvolveram com o espaço quando uma delas decidiu comemorar seu aniversário de 80 anos na biblioteca. O que resultou em um momento de muita descontração e emoção no qual a aniversariante comentou sobre a importância da biblioteca em sua vida.

Figura 3 Aniversário de uma participante

Fonte: Autoria própria.

O discurso já nem era necessário, o gesto de procurar a biblioteca para comemorar o aniversário já nos disse muito sobre o que o ambiente representava para dona Ana e para as demais mulheres que ao fim do encontro diziam que também gostariam de comemorar suas primaveras por lá.

As ações presenciais, contudo, tiveram de ser interrompidas devido à pandemia do COVID-19 desde o ano de 2020 e o atendimento teve de ser repensado para esse período. Um desafio global enfrentado não somente pela biblioteca, mas que afetou e ainda afeta especialmente crianças e idosos ante as medidas de isolamento social necessárias.

Como alternativa realizamos atendimentos virtuais por meio de ligações telefônicas periódicas, nas quais a equipe da biblioteca verificava como estavam as condições de vida dessas mulheres frente à crise econômica causada pela pandemia e, em caso de necessidade, buscava auxílio junto à assistência social. Além disso, as ligações foram momentos nos quais as idosas bastante isoladas podiam conversar, contar sobre a rotina de forma geral e esclarecer dúvidas sobre o coronavírus.

Outra ação para o período de isolamento foi a criação de um grupo de WhatsApp no qual elas puderam compartilhar as angústias e pequenas alegrias da quarentena. Algumas se dedicaram à jardinagem e partilharam fotos e vídeos de seus jardins, outras focaram na culinária e tivemos ainda episódios de *fake news* que foram mediados e esclarecidos, buscando a conscientização sobre a circulação e o compartilhamento de informações duvidosas na internet.

O atendimento virtual só foi possível pois partiu de um vínculo estabelecido entre essas mulheres da comunidade e a biblioteca, fortalecido durante o ano anterior por meio de encontros afetivos e seguros que permitiam o diálogo e o encontro de si mesmas a partir da mediação dos textos literários e da roda de conversa conduzida pela assistente social da escola, que buscava refletir, entre outros temas, sobre os direitos dessas mulheres.

Passado mais de um ano de pandemia sem a possibilidade

de nos reunir na biblioteca, realizamos uma ação de casa em casa, visitando as participantes com uma serenata realizada nos portões e uma entrega de cestas com elementos que remetiam ao café da tarde característico de nossos encontros.

Figura 4 Visita às participantes, com serenata e entrega de cestas

Fonte: Autoria própria.

A ação resultou em momentos de emoção e muitas lágrimas dessas mulheres que relataram se sentir valorizadas e queridas pela biblioteca da escola social de seu território. Dentre as histórias partilhadas nesse breve encontro no portão, ouvimos o relato de uma mulher que perdeu o marido para o COVID-19 e chorou ao nos ouvir cantando a música que ele mesmo cantava para ela nas datas de aniversário. Ouvimos um relato emocionado de uma avó triste de saudade da neta que foi levada para outra cidade pela mãe durante a pandemia e encontramos ainda uma casa vazia, uma de nossas violetas foi chamada ao céu. E para a biblioteca, acompanhar momentos tão significativos não somente dessa participante, mas de várias outras, nos mostra o quanto a biblioteca necessita estar atenta a comunidade a sua volta. Cabendo refletir e escolher entre estar presente no meio em que atua ou passar despercebida na vida de tantas pessoas.

O intuito de compartilhar essa experiência foi trazer à luz iniciativas de bibliotecas e bibliotecários voltadas ao atendimento, acolhimento e empoderamento de idosas, demanda cada vez mais urgente em uma sociedade que exclui e negligencia direitos tanto dos idosos quanto das mulheres.

Quisemos ainda provocar a reflexão sobre algumas questões: qual público podemos atender em nossas bibliotecas escolares? E quanto ao olhar sensível da biblioteca? As ações precisam ser focadas somente nas crianças, adolescentes e equipe pedagógica? Ou a biblioteca e a escola podem se tornar parte do território e oferecer serviços para a comunidade que ali vive? Em nossa experiência, o convite para que a comunidade ocupasse a biblioteca foi construtivo para toda a comunidade escolar.

Além dos desafios, as rodas de conversas permitiram que as participantes ressignificassem suas próprias histórias de vida, como na ocasião em que falamos do feminismo e de como as mulheres tiveram que batalhar pela aquisição de alguns direitos. Ao trazer um resgate histórico, percebemos que estávamos de frente com a própria história viva e fomos brindadas com o depoimento de uma participante que contou sobre sua Lua de Mel, momento no qual foi proibida de trabalhar pelo recém marido que, sem consultá-la, ampliou os dias de viagem para que perdesse o prazo de retorno ao trabalho e fosse demitida. Ela contou que só conseguiu trabalhar fora quando passou num concurso público e pôde assumir o cargo sem necessidade de permissão assinada pelo marido. Ao fim do encontro, afirmou ter agora, após anos de casamento, entendido a motivação em mantê-la fora do mercado de trabalho, já que ele, mais velho que ela, havia crescido no tempo em que esposas só trabalhavam com autorização de seus cônjuges e mesmo assim não eram bem vistas socialmente.

Essas e tantas outras histórias foram compartilhadas entre pessoas desconhecidas, que provavelmente jamais teriam essa oportunidade de expor alguns assuntos, e a biblioteca foi o espaço em que houve a mediação, o acolhimento e acesso à informação que elas necessitavam. Ante a tantas experiências é inevitável não constatar que a biblioteca, independente do espaço, região que atua e público que atende, pode fazer a diferença e ser a diferença na vida de muitas pessoas.

REFERÊNCIAS

ANDRADE, C. R. M. **Empoderamento da Mulher Idosa**: Vivências, Relacionamentos, Sexualidade e Saúde. 2018. 76 f. Dissertação (Mestrado em Educação para a saúde) – Escola Superior de Educação de Coimbra, Universidade de Coimbra, Coimbra, 2018.

BRASIL. MINISTÉRIO DO DESENVOLVIMENTO SOCIAL E COMBATE À FOME. **Estatuto do idoso/ lei nº 10.741, de 1º de outubro de 2003**. 4 ed. Brasília: [s.n.], 2010.

CANDIDO, A. O direito à literatura. In: CANDIDO, A. **Vários escritos**. 5. ed. Rio de Janeiro: Ouro sobre Azul; São Paulo: Duas Cidades, 2011.

REZENDE, M. V. **Quarenta dias**. Rio de Janeiro: Objetiva, 2014.

- Capítulo 3 -

A presença negra no desenvolvimento de coleções: um olhar anticolonial sobre memória e história

Alex Lourenço
Beatriz Nogueira
Erinaldo Dias Valério

Caminhos anticoloniais necessários para as bibliotecas

A construção da realidade é fruto das disputas entre os sujeitos que nela vivem. O tom das coisas e o que se caracteriza como bom ou ruim são construídos a partir da materialidade encontrada acima do chão pelo qual as pessoas caminham. Materialidade essa que constrói sujeitos e é construída pelas obras que estes mesmos fazem nela. Nessa dicotomia, a sociedade é constituída de seus valores estruturalmente operados seguindo os resultados dos processos entre as lutas dos sujeitos atuantes nela.

Partindo disso, ao fazer considerações acerca do racismo como instância que rege a sociedade, o autor Silvio Almeida (2018) investe em dizer sobre uma estrutura racista quando disserta do lugar social em que as pessoas se encontram. Ele expõe que o racismo é um conjunto de elementos que dão às pessoas negras espaços específicos, falas inerentes e características convenientes, sendo uma força sistematizada e sistêmica, ou seja, que sofre e faz ações, de apartamento social, e que tem na raça fator fundamental para separação e segregação de indivíduos.

Da diferença entre as origens raciais e étnicas das pessoas é que elas são caracterizadas, classificadas e lidas socialmente, além de outros fatores sociais. Tais leituras são resultados de processos discriminatórios que, por sua vez, são oriundos de uma intensa e sistematizada localização social de específicos povos e comunidades, os quais culminaram na racialização de certos sujeitos e, portanto, na racialização de suas práticas sociais.

Assim sendo, este capítulo propõe refletir sobre estratégias de combate ao racismo nas bibliotecas por meio do desenvolvimento de coleções. Pois, nas bibliotecas, por não estarem desassociadas da sociedade, que é racista, o racismo pode se expressar de variadas formas, como, por exemplo, na ausência de materiais que contribuam positivamente para a construção de identidades negras. Entendemos o desenvolvimento de coleções como uma das funções básicas das bibliotecas, que consiste no planejamento de todo o acervo. Essa etapa deve ser realizada levando em consideração as necessidades informacionais dos sujeitos, pensando nas multiplicidades de corpos, povos, raças, culturas, saberes, subjetividades e demais interseções.

Quando sujeitos são subalternizados por outros e ignorados de espaços como seres igualmente participantes e membros da sociedade, suas produções são ignoradas também. Como é o caso das produções artísticas de mulheres, que ocuparam lugares substanciais na história, é claro, mas que tiveram seus lugares destituídos na maioria das vezes, enquanto homens os ocuparam, passando às mulheres somente o que dizia respeito ao local doméstico, como dissertam Simioni e Eleutério (2018) em sua pesquisa sobre o lugar da mulher nos acervos de arquivos.

Ao recortar-se racialmente a discussão sobre tal temática, percebemos que as populações negras também foram subalternizadas e tiveram suas produções ignoradas pelos grandes circuitos da Arte e da Cultura. Tal percepção foi o que levou em 2018 os artistas Beyoncé e Jay-Z a alugarem o Museu do Louvre, considerado o maior museu de arte do mundo, para produzir o clipe da música *Apeshit*[1]. Eles queriam justamente provocar a reflexão de que a visão colonizada de arte boa trata-se de uma arte da branquitude, instaurada assim pelos processos de escravização dos negros, no período em que países europeus como Portugal e Espanha saquearam o continente africano em busca de riquezas para seus impérios à custa de vidas de outros povos que não os seus até o século XIX.

Nisso, processos de subalternização foram impostos às pessoas negras, que tiveram, então, suas subjetividades destituídas, corroborando, assim, para discursos e práticas estruturais de desvalorização destas em relação às pessoas brancas. Isso criou um afastamento de suas produções dos grandes circuitos artísticos e culturais, sobretudo dos espaços em que produções são organizadas e expostas para consumo e prestígio comumente da elite burguesa, como em museus, arquivos e bibliotecas.

Ou seja, um acervo constituído de materiais que reforçam e reproduzem preconceitos, discriminações e racismos pode levar os sujeitos a desenvolverem práticas de opressão sob corpos historicamente discriminados, como a população negra. Assim,

---

1 "Loucura", em tradução livre.

acabam por restituir as maneiras como outros vivem a partir de um ideal hegemônico da cultura e das práticas culturais, destituindo as experiências do outro, cabendo à memória e a história uma fala única.

As maneiras de sujeitos sociais vivenciarem o mundo dizem sobre suas experiências e constituição de memória. Reflexões sobre a memória relacionam-se com a história e implicam conceituações cada vez mais colocadas no campo da Ciência da Informação, cujo enfoque e discussão exigem cuidado e atenção. Memória e história, embora relacionadas, possuem conceituações diferentes. Ora, a memória é construída e transferida pelos grupos vivos, estando em evolução permanente, enquanto a história é uma representação do passado, uma operação intelectual que requer análise e discurso crítico (NORA, 1993). Pode-se depreender a história como um processo dialético, pensado no presente pelos grupos que a recorda, e a memória como um passado a ser consultado para também dar sentido ao presente. Torna-se, então, essencial olhar para a dependência entre ambos os conceitos para a compreensão de que memória e história por vezes são organizadas e operantes em função das preocupações pessoais e coletivas de uma sociedade.

A experiência vivida determina a estruturação da memória, e a História, enquanto área do conhecimento delimitada, estando por vezes ministrada por grupos hegemônicos, nem sempre registra ou legitima a memória de determinados grupos "à margem" da sociedade. No âmbito das bibliotecas, arquivos e museus, convenciona-se preservar a memória criada coletivamente por uma comunidade, sendo tidos como lugares de memória geridos pelas políticas e diretrizes estatais (NORA, 1993). Tais lugares de memória podem representar, pois, espaços que permitem visibilizar identidades culturais e étnico-raciais plurais que confrontam a história hegemônica e ressignificam as narrativas sobre o passado. Para a concretização, em especial, da identidade afro-brasileira e africana em unidades de informação e espaços de memória como bibliotecas, museus e arquivos, torna-se essencial considerar propostas epistemológicas, literárias e artísticas anticoloniais.

Ainda sobre a onipresença do colonialismo na história moderna e contemporânea, torna-se por vezes difícil trazer a sua devida problematização. Nota-se em diversas concepções e contextos certa naturalização do processo colonial no campo literário, ideológico e científico. A reflexão crítica sobre o colonialismo tem início de forma sistemática nas Ciências Sociais contemporâneas com as lutas revolucionárias e anticoloniais em emergência (FERREIRA, 2014). Pensar, portanto, a biblioteca e outros espaços informacionais e de memória como sendo ambientes em que o olhar colonial ainda se faz presente é, pois, o impulso para reflexões e práticas que se atentem ao anticolonialismo.

Exemplos e possibilidades de bibliotecas com a temática negra

A história dos locais de preservação de memória remonta a própria história dos registros humanos. Ao passo que a humanidade se desenvolveu e caminhou pelo planeta, materiais de diversas origens e usos foram criados e, quando não mais necessários, descartados ou guardados em lugares especiais para isso, deixando assim registros de por onde o homem passou e o que ele fez. Um desses lugares é a biblioteca.

A biblioteca, como instituição, teve historicamente forte ligação com a produção textual local. Curiosamente, seu termo nomeador deriva da ideia de ser um "baú de livros", de onde depreendemos sua importância ancestral na guarda e conservação destes. Das mais antigas às contemporâneas, bibliotecas sempre celebraram a leitura e o saber. A mais famosa biblioteca antiga talvez seja a de Alexandria, no Egito, tida como um dos mais importantes acervos da história antiga. Essa biblioteca foi fundada por comandantes gregos num estado egípcio, cuja missão era introduzir a guarda e a preservação de todos os livros do mundo conhecidos pelos gregos à época. Missão até hoje percorrida por projetos e programas de preservação da memória, como a *World Digital Library*[2], trabalho realizado desde 2009 pela Biblioteca do Congresso dos Estados Unidos e coordenado pela Organização das Nações Unidas para a Educação, a Ciência e a Cultura (UNESCO), em que livros e outras obras e materiais de todo o mundo são disponibilizados em acesso aberto via internet.

Diferentemente do que acontece com o projeto da UNESCO, Alexandria não se tratava de um acervo mundial feito por entender que era preciso preservar a memória dos povos, disponível, sobretudo, em materiais bibliográficos. Alexandria, na verdade, foi alimentada continuamente com materiais conquistados nas batalhas vitoriosas travadas pelo Imperador grego Alexandre, O Grande.

Ainda que não se tratasse de um processo colonizador, tal como se constituiu na história moderna, devido ao contexto histórico específico, Alexandre promovia um desenvolvimento de coleção que se assemelhava com o que se vê e discute hoje acerca

---

2 "Biblioteca Digital Mundial", em tradução livre.

de peças africanas ou latino-americanas residentes em museus europeus. A salvaguarda desses itens, tanto na antiguidade quanto atualmente, é fruto de um complexo processo de dominação econômica e cultural, próprio da luta de classes apontada por Marx e Engels (2011).

Construída como um espaço de guarda do que se conquistava nas batalhas, a Biblioteca de Alexandria é um exemplo de como a constituição de acervos representa as tensões mais amplas de uma sociedade, como a questão da dominação cultural e econômica colonial. A história da humanidade é atravessada por inúmeras tensões e conflitos, e quem ganha nelas é aquele que pode contar a história, como assinalou Walter Benjamin.

A biblioteca, então, é tida como um espaço que se relaciona com aqueles próximos dela, e não alienada à estrutura social que rege e predomina os circuitos de qualquer ordem política, cultural ou social, como muitas vezes é dada a ela esta posição, e aos seus e suas profissionais. Os bibliotecários e bibliotecárias, portanto, como organizadores e organizadoras do espaço da biblioteca, também não podem ser reduzidos a meros "organizadores sem viés". Organizar simbólica e fisicamente quaisquer materiais de conhecimento pressupõe ter posições para tratá-los. Pois, senão, como há de se organizar aquilo que não se tem posicionamento sobre? O que, obviamente, não quer dizer destratar e ignorar certas produções em detrimento de outras. Defende-se, na verdade, que, se a biblioteca é um espaço de memória, portanto coletiva, todos os corpos e seres devem estar nela. Isso a partir dos pressupostos de igualdade, expostos em documentos como o Manifesto das Bibliotecas Públicas da Federação Internacional de Associações e Instituições Bibliotecárias (1994).

Nesse sentido, comunidades negras encontram-se à margem das narrativas epistêmicas e culturais dominantes em variados contextos, nas bibliotecas e práticas biblioteconômicas. Saberes e assuntos referentes às comunidades afro-brasileiras e africanas encontram-se por vezes sub-representados, recebendo pouca visibilidade e engajamento em aplicações de recuperação informal (SANTOS *et al.*, 2020).

No entanto, bibliotecas especializadas na temática negra atualmente já são realidades que abrem caminhos àqueles interessados na temática africana e afro-brasileira. Existem bibliotecas especializadas na temática africana e afro-brasileira presentes em Núcleos de Estudos Afro-brasileiros (NEABs), como aponta o estudo de Lima *et al.* (2018). São estas: a Biblioteca de Referência NEAB/UDESC, localizada na Universidade do Estado de Santa Catarina (UDESC); Biblioteca CEAO, do Centro de Estudos Afro-Orientais (CEAO) da Universidade Federal da Bahia (UFBA); e a Biblioteca do Centro de Estudos Afro-Asiáticos (CEAA), situada na Universidade Cândido Mendes (UCAM), vinculada ao Programa de Pós-graduação do Instituto Universitário de Pesquisa do Rio de Janeiro (IUPERJ).

As bibliotecas especializadas são compostas por um acervo que busca suprir as necessidades da instituição a qual se encontram inseridas e costumam incluir obras sobre áreas correlatas. Tais bibliotecas objetivam promover a recuperação de informações específicas, buscando satisfazer todos os caminhos de direção da informação. Os NEABs são de enorme importância enquanto núcleos temáticos que possuem a finalidade de prestar apoio às instituições de ensino superior onde estão vinculados. Trata-se de espaços que firmam a implementação das Leis Federais nº

10.639/2003 e 11.645/2008, das Diretrizes Curriculares Nacionais para a Educação das Relações Étnico-Raciais e para o Ensino de História e Cultura Afro-Brasileira e Africana (BRASIL, 2004).

No contexto das bibliotecas comunitárias, tem-se o exemplo da Biblioteca Assata Shakur, localizada na periferia da zona leste de São Paulo. A unidade disponibiliza livros escritos por pessoas pretas e literatura sobre a cultura e história do povo preto-africano. Além de possuir um acervo de referência africana e afro-brasileira, a biblioteca realiza cursos, festas, cine debates e outras ações de cunho racial e social. Citada pelo rapper Emicida em entrevista ao Roda Viva[3] como um importante referencial de projeto social, a Biblioteca Comunitária Assata Shakur, criada pela organização UJIMA Povo Preto, permite o acesso informacional africano e afro-brasileiro às populações negras e não-negras da comunidade.

Ao considerar importantes trajetórias de movimentos sociais vinculados ao movimento negro brasileiro, tem-se a construção em andamento do Centro de Documentação e Memória Institucional do Geledés – Instituto da Mulher Negra, localizado na região central de São Paulo. Nascido da necessidade de organização, sistematização e disponibilização do acervo histórico acumulado por Geledés em seus 33 anos de existência, o centro possui uma biblioteca e tem por objetivo preservar e difundir a memória do protagonismo político do instituto. As mulheres negras brasileiras, como parte dos povos da diáspora negra, são fundamentais na história de resistência e elaboração de estratégias de existência e sobrevivência das comunidades negras (PRADO, 2020). Depreende-se o enorme

---

[3] Entrevista veiculada em rede nacional pela TV Cultura em julho de 2020 e disponível na íntegra em seu canal do YouTube, acessível pelo link: https://www.youtube.com/watch?v=pDV3SGzV3m4. Acesso em: 19 dez. 2021.

referencial futuro que o Centro de Documentação e Memória da Geledés – Instituto da Mulher Negra se tornará para as populações negras e comunidade em geral.

O entrave na recuperação de conhecimentos africanos e afro-brasileiros, bem como a sua efetiva disseminação, ainda são bastante presentes na sociedade brasileira. Isso é resultado da forma com que o negro existe no país, pois a população negra aparece nos índices de desigualdade em lugares de maior vulnerabilidade e falta de assistência social, sendo uma questão de profundo impacto no tecido sociocultural. Isso porque cor ou raça são relacionadas ao processo de desenvolvimento brasileiro, que produziu importantes clivagens ao longo da história do país, como falado na primeira sessão deste ensaio. Como consequência dos rumos desse processo, tem-se níveis de vulnerabilidades econômica e social nas populações de cor ou raça preta, parda e indígena.

Considerando a desigualdade racial que afeta a população negra no Brasil, cabe ao campo da Biblioteconomia, a partir dos instrumentos teóricos e práticos que a área dispõe, conscientização e reflexões profundas a respeito de recursos e ações antirracistas e anticoloniais a serem desenvolvidas nos ambientes informacionais.

Aqui é trazido um olhar para a epistemologia anticolonial, sendo necessária na composição de acervos, organização e mediação da informação em bibliotecas. Tal premissa vai de encontro aos estudos desenvolvidos pelo Coletivo Nacional de Bibliotecárias e Bibliotecários Negros (CNBN), que atentam para a episteme anticolonial dentro da Biblioteconomia e da Ciência da Informação e suas nuances, bem como apontam para vias metodológicas anticoloniais e democráticas transformadoras na área.

Conduzir metodologias e práticas biblioteconômicas, então,

que permitam a alteridade, visibilidade e valorização da cultura e epistemologia de comunidades negras no Brasil marca, sobretudo, a tomada de consciência acerca da importância e contribuição afro-brasileira e africana. Assim, trazendo a devida inserção e cidadania de tais sujeitos no contexto nacional, entendendo, ainda, como o racismo opera nesses processos.

Desse modo, pensando a biblioteca como um lugar que a partir dela pode-se democratizar o acesso à informação e ao conhecimento, atuando na formação crítica das pessoas leitoras, se deve pensar em ações antirracistas por meio do acervo selecionado a todo público possível, dos serviços e produtos informacionais que ele oferece.

As bibliotecas precisam dar suporte, por exemplo, para o processo de pesquisa por meio de buscas de diferentes fontes de informação no campo das relações étnico-raciais. Deve-se tirar da invisibilidade e da estigmatização as questões, os temas e as autorias que promovam a discussão étnico-racial nos acervos das bibliotecas. Tal responsabilidade vai além das bibliotecas que trabalhem com a temática, e sim toda e qualquer unidade de informação deve ser capaz de possibilitar possíveis caminhos para uma ação antirracista.

REFERÊNCIAS

ALMEIDA, Silvio Luiz de. **Racismo estrutural**. São Paulo: Pólen, 2018.

FEDERAÇÃO Internacional de Associações e Instituições Bibliotecárias. **Manifesto da biblioteca pública**. Haia: IFLA, 1994.

FERREIRA, Andrey Cordeiro. Colonialismo, capitalismo e segmentaridade: nacionalismo e internacionalismo na teoria e política anticolonial e pós-colonial. **Sociedade e Estado**, v. 29, n. 1, p. 255-288, 2014.

LIMA, Graziela dos Santos *et al.* Africanizando os acervos: política de gestão de acervos para bibliotecas especializadas na temática afro-brasileira e africana. **Revista Brasileira de Biblioteconomia e Documentação**, v. 14, n. 3, p. 88-103, set./dez. 2018.

MARX, Karl; ENGELS, Friedrich. **Manifesto do partido comunista**. São Paulo: Expressão Popular, 2011.

NORA, Pierre. Entre memória e história: a problemática dos lugares. **Projeto História**: revista do Programa de Estudos Pós-graduados em História e do Departamento de História da PUC/SP, São Paulo, n.10, p. 7-28, dez. 1993.

PRADO, Suelen Girotte do. **Todos os caminhos levam à Geledés**: narrativas de autonomia através da organização de mulheres Negras em São Paulo. 2020. 147 f. Dissertação (Mestrado em História) – Programa de Estudos Pós-Graduados em História, Pontifícia Universidade Católica de São Paulo. São Paulo, 2020.

SANTOS, Andréia dos *et al.* Representação terminológica da população negra em tesauros. **Informação & Informação**, v. 25, n. 1, p. 254-275, 2020.

SIMIONI, Ana Paula Cavalcanti; ELEUTÉRIO, Maria de Lourdes. Apresentação do Dossiê Mulheres, arquivos e memórias. **Revista do Instituto de Estudos Brasileiros**, [S.l.], n. 71, p. 19-27, dez. 2018.

- Capítulo 4 -

Experience

Marcos Teruo Ouchi

"Teruo, podemos abrir um curso de inglês na biblioteca?"

"Me explique melhor."

E assim começou o diálogo com a bibliotecária Maíra Bassoli, que culminou em meses de muito aprendizado para nós. A biblioteca em questão, localizada em uma das áreas de maior vulnerabilidade social de São Carlos (SP), é a Biblioteca Municipal Professora Sônia Maria Sawaya Botelho Bracher, no bairro Cidade Aracy. Localizada ao lado de uma escola de ensino fundamental I, trata-se de uma biblioteca municipal escolar, mas aberta também a toda a comunidade São-carlense.

Maíra me explicou que, naquele ano de 2018, duas pesquisadoras do exterior e da Universidade Federal de São Carlos (UFSCar) realizavam pesquisas com a comunidade local, utilizando a biblioteca como base de apoio e reuniões. Invariavelmente, essas reuniões se davam no idioma inglês e chamavam a atenção das crianças que frequentavam a biblioteca. Essa parceria entre a biblioteca e as universidades por si só já seria interessante para este ensaio, mas o desenrolar desta história é, no mínimo, curioso e traz inúmeras reflexões sobre o papel das bibliotecas e dos bibliotecários.

Retornemos à história. Como não poderia ser diferente, num rompante de curiosidade, uma das crianças se aproximou do grupo de pesquisadores e pesquisadoras e ficou ali admirando a conversa.

Em seguida, outra e mais outra se juntaram ao curioso pioneiro, formando ali uma pequena aglomeração em torno da reunião.

Sempre atenta, nossa bibliotecária rapidamente percebeu a audácia do pequeno e seus seguidores e, num impulso, se dirigiu ao grupo de pesquisadores perguntando se, ao fim da reunião, eles poderiam ceder alguns minutos de atenção às crianças, que nesta altura já estavam todas alvoroçadas indagando o que aquelas pessoas estavam falando. Combinados, todos retornaram às suas atividades.

Poderia a bibliotecária simplesmente ter dispersado a aglomeração e ordenado que as crianças voltassem às suas atividades? Provavelmente, caso a bibliotecária estivesse despreparada e certamente sim caso não fosse uma profissional qualificada à frente da biblioteca. E o que teria acontecido? Nada. Como acontece sempre que uma oportunidade de se impactar a comunidade é perdida.

Ao fim dos trabalhos do grupo de pesquisa, uma roda de crianças foi formada em torno deles e uma palestra improvisada foi organizada ali, no idioma inglês misturado com português, gestos, mímicas e outros artifícios para tentarem se comunicar. Foi necessário esforço para que a reunião terminasse, tal o grau de envolvimento dos participantes, tanto por parte das crianças quanto por parte dos pesquisadores. Foi nesse momento que a ideia de um curso de inglês na biblioteca veio à mente da Maíra.

"Então, foi isso que aconteceu. Acha que conseguimos realizar um curso de inglês na biblioteca?"

"Olha, Maíra... não sei se um curso é o melhor caminho, pois aprender um idioma pode ser uma jornada de longa duração e também me preocupo se não seria um certo 'desvio de nossa função'. Mas, e se criássemos uma experiência de imersão em línguas estrangeiras?"

"Agora eu que te peço que explique melhor."

"Eu acredito que uma imersão em uma experiência será mais impactante do que a simples transferência de conteúdo. Podemos usar as forças que temos, como, por exemplo, nossa estrutura física, a liberdade de definirmos o tamanho e o público participante, nosso capital reputacional com parceiros e a própria tecnologia para criar um produto de informação que seja impactante. Uma 'experiência'!"

"Podemos tentar."

Por se tratar de um produto ou serviço do qual não tínhamos muitas informações, possivelmente um produto inovador, optei por utilizar uma abordagem centrada no *valor* que seria entregue ao futuro participante do projeto. Para não gerar nenhum tipo de barreira, decidi não mencionar nenhum termo técnico ou denominação de *frameworks* consolidados em processos inovadores. Decidi partir direto para a primeira etapa de uma das metodologias, o *Design Thinking*, e iniciar a etapa da *descoberta*, mais especificamente a da *empatia*, uma aproximação ao problema.

Imersão | Empatizar

Na primeira reunião com a Maíra, busquei identificar as necessidades e os desejos tanto do público para o qual ela pretendia criar o produto ou serviço quanto os dela. Estendi também para os outros atores interessados no projeto, os famosos *stakeholders*[4].

É preciso entender que um projeto impactante dificilmente será resultado do conhecimento, percepção ou ideia de um único indivíduo. A humanidade tem o péssimo hábito de creditar as realizações a indivíduos, mas uma rápida análise mostra que a realização normalmente foi fruto de um trabalho coletivo.

---

[4] Stakeholders: pessoas interessadas direta ou indiretamente no projeto.

Resumidamente, o objetivo inicial era o de realizar uma imersão preliminar, buscando nos aproximar do problema esclarecendo o escopo da solução a ser desenvolvida. Naquela fase, acreditávamos que o problema a ser atacado era a dificuldade no aprendizado da língua inglesa.

Após o "mapeamento preliminar", partimos para entender profunda e empaticamente o problema pela ótica dos stakeholders. Para isso, realizamos conversas com os professores, diretores, pais e alunos sobre o que estávamos desenvolvendo. O objetivo principal era sentir a percepção desse público em relação ao tema, essas informações se tornaram essenciais para a fundamentação das etapas posteriores do projeto. É importante ressaltar que a própria experiência e o conhecimento da comunidade escolar pela bibliotecária Maíra foram uma rica fonte de subsídios de informações para o sucesso do projeto.

Diferentemente de nossa percepção inicial, identificamos que o problema a ser resolvido era o das limitadas oportunidades do público no contato com as línguas estrangeiras e, consequentemente, o desconhecimento das oportunidades advindas de seu domínio. É o tipo de conclusão que corrobora a máxima de Henry Ford: "Se eu tivesse perguntado às pessoas o que elas queriam, elas teriam dito cavalos mais rápidos". Neste sentido, nota-se a importância de se buscar outras fontes do ecossistema, além das próprias informações de pesquisa junto ao público-alvo.

Análise e síntese | Definir

Tema, público e problema identificados, partimos para uma análise mais detalhada de todos os artefatos reunidos, buscando padrões e relacionamentos de forma que façam sentido para o projeto. Nesta etapa os artefatos se tornam documentos importantes para subsidiar as etapas posteriores. Optamos pelas abordagens dos **Mapas de Empatia**[5], **Mapa de Proposta de Valor**[6] e do ***Business Model Canvas***[7], de Alex Osterwalder, pela sua facilidade ao elencar os elementos fundamentais de qualquer projeto e lógica na organização dos seus elementos, mesmo que não tivéssemos pretensões de lucros com o projeto.

Figura 5 Business Model Canvas

Fonte: Autoria própria.

Como o próprio nome revela, através do **Mapa de Empatia** exercitamos nos colocar no lugar dos *stakeholders*. Entender o que

[5] Mapa de Empatia: é uma ferramenta visual que possibilita a análise de aspectos que descrevem características de uma pessoa (persona).

[6] Mapa de Proposta de Valor: é uma ferramenta visual que permite relacionar as tarefas de uma pessoa (usuário ou cliente), suas dores e ganhos com as características aliviadoras de um produto ou serviço.

[7] Business Model Canvas: também chamado de Mapa de Modelo de Negócios, é uma ferramenta visual que permite em uma única página compreender todo o negócio proposto a partir de um olhar estratégico entre as diferentes áreas.

eles sentem, veem, falam, ouvem, pensam e também quais são suas dores e necessidades. A relação do *stakeholder* com o produto ou serviço idealizado é mapeado em um **Mapa de Proposta de Valor**. Nele, elencamos as tarefas necessárias para que o *stakeholder* acesse o produto ou serviço.

Ideação | Idear

Importante relembrar que o *Design Thinking* é um processo focado em pessoas. Isso vai ficando cada vez mais claro à medida em que avançamos nas fases do seu processo. A fase de ideação é a fase que particularmente mais gosto. É onde a criatividade aflora, pois é aqui que começamos a estruturar as ideias que virão a se materializar em produtos ou serviços.

Existem inúmeras formas de se materializar esta fase. Entre as técnicas, podemos citar o IDM (*Innovation Decision Mapping*) e o LDJ (*Light Decision Jam*). Trata-se de ferramentas complexas e que podem abarcar várias etapas do *Design Thinking*, mas uma das mais utilizadas é, sem dúvida, a técnica do *brainstorming*. *Brainstorming*, ou tempestade cerebral, é uma técnica em que a equipe contribui com ideias. Possui inúmeras variações e sua principal característica é que o participante pode contribuir sem esperar que sua ideia seja ridicularizada ou criticada.

Nesta fase, os dados coletados e organizados são úteis para gerar *insights* e subsidiar os participantes através de seus relacionamentos trabalhados nas fases anteriores do processo. Um indicativo de sucesso desta fase é encontrado em projetos que conseguem desenvolver várias ideias de diversos participantes e de diferentes perspectivas sobre o problema.

Em nossa atividade de *brainstorming*, Maíra e eu imaginamos vários cenários e possibilidades, chegando ao acordo de desenvolvermos várias ações (atividades) dentro e fora da biblioteca, no contraturno, para as crianças do 5º ano do ensino fundamental I e suas famílias, utilizando aplicativos de aprendizagem de línguas:

Segmento de "clientes"	Crianças cursando o 5º ano do ensino fundamental e suas famílias.
Proposta de valor	Nosso projeto inspira crianças cursando o 5º ano do ensino fundamental e suas famílias a expandirem suas expectativas vivenciando experiências em outras culturas através da língua e da aprendizagem em comunidade.
Parceiros-chave	A própria escola (direção, professores, funcionários e famílias), palestrantes e oficineiros, patrocinadores e pesquisadores.
Atividades-chave	Construir senso de comunidade, capacitar no Duolingo, realizar eventos, documentar e comunicar.
Recursos-chave	Sala de informática, internet, material bibliográfico, plataformas EAD, equipamentos dos próprios alunos.
Relacionamento com o cliente	Indicadores, avaliação do impacto, incentivo e motivação.
Canais	Biblioteca, professores e internet.
Estrutura de custos	Incentivos aos participantes (brindes e prêmios) e uniformização.
Fontes de renda	Replicação do projeto, autonomia das crianças, valorização, projeção e visibilidade da biblioteca e incentivo ao voluntariado.

A escolha final do aplicativo que seria utilizado recaiu, após pesquisa, sobre o aplicativo Duolingo, que faz parte de uma multiplataforma gratuita de ensino de línguas e que usa uma metodologia caracterizada por lições fragmentadas e experiência gamificada que estimulam o autodidatismo.

O produto ou serviço não surge nesta fase, na verdade, vai se moldando por todas as etapas do processo. Porém, é na fase de prototipação que ele ganha forma e materialidade.

Prototipar

O mais comum, especialmente em projetos tradicionais, é que a equipe de projeto trabalhe na solução até que um produto seja completamente concebido. Isso é factível se o produto em questão possui suas características determinadas. Porém, em produtos inovadores, quase nunca sabemos sobre eles e muito menos sobre o contexto em que serão utilizados. Daí a importância de protótipos. Protótipos podem vir na forma de testes, produtos mínimos viáveis (MVP), provas de conceito (PoC), etc. Ademais, trata-se de um pequeno experimento, onde as hipóteses levantadas nas fases anteriores são testadas e validadas. Ou não.

A importância desta fase é de que o custo material, o tempo e o esforço de se produzir um teste são menores do que desenvolver totalmente um produto e, mais à frente, descobrir que não possui aderência ao público destinado. Protótipos devem conseguir entregar valor, portanto, o resultado deste processo deve ser coerente com todos os aprendizados adquiridos nas fases anteriores.

Testar

Nosso protótipo se materializou no formato de uma imersão de doze encontros semanais, no contraturno, e em cada encontro os participantes "experimentaram" atividades como conversas, convívio, jogos, palestras, etc. no idioma inglês. Então, chegou a hora do teste.

Para isso, contamos com a parceria com a escola, que liberou dois alunos de cada turma dos quintos anos do ensino fundamental I para participarem do experimento. Realizamos uma reunião com os responsáveis dos alunos e elaboramos um termo de responsabilidade e autorização de participação para cada família.

Figura 6 Alunos do projeto

Fonte: Autoria própria.

Nos intervalos entre os encontros, os participantes se comprometeram a realizar atividades propostas em um aplicativo de aprendizagem de idiomas, além de criar oportunidades de contato com a cultura e a língua inglesas. Um acervo de obras no idioma também foi elaborado para que os participantes pudessem utilizá-lo.

Cada encontro teve dois momentos: o de retrospectiva, em que cada participante relatava suas atividades da semana, seus aprendizados e dificuldades e os demais contribuíram para aliviá-las; e um segundo momento, em que a atividade do dia se desenrolava.

Figura 7 Encontro com os alunos

Fonte: Autoria própria.

Dentre as atividades, destacamos dois encontros com convidados, praticamente uma biblioteca humana. No primeiro encontro, convidamos nossa amiga Mariana Godoy, que àquela época era "Jovem Embaixadora" do programa Jovens Embaixadores da Embaixada EUA-Brasil. O programa é uma iniciativa oficial do

Departamento de Estado dos EUA e, no Brasil, é coordenado pela Embaixada dos Estados Unidos da América.

O programa é bastante concorrido e recebe candidaturas de todo o Brasil. Os selecionados viajam em julho para um programa de curta duração nos Estados Unidos, que tem como alvo alunos brasileiros que são exemplos em suas comunidades em termos de liderança, atitude positiva, trabalho voluntário, excelência acadêmica e conhecimento da língua inglesa. A implementação se dá em parceria com o Conselho Nacional de Secretarias Estaduais de Educação (CONSED) e uma rede de centros binacionais, além de empresas do setor privado que acreditam na juventude brasileira e apoiam esse importante programa de intercâmbio.

Mariana conversou com os participantes, contando sua experiência sobre o programa e inspirando-os a também buscarem seus sonhos, pois a história dela teve a mesma origem da dos participantes.

O segundo encontro com convidados foi com o engenheiro Rodrigo Ricceto, que, àquela altura, já havia viajado ao redor do mundo através de programas estudantis, de empreendedorismo e inovação. Dentre suas experiências, contou uma missão para conhecer a inovação na China e Europa e também para trabalhar, por várias vezes, nos parques da Disney nos Estados Unidos da América. Rodrigo buscou mostrar os diversos caminhos para que as crianças também pudessem se preparar para realizar esse tipo de experiência, destacando, assim, a importância de se aprender um novo idioma.

Além dos encontros, os participantes, que já não eram mais apenas alunos, mas também amigos, irmãos e pais de alunos, realizaram atividades manuais (*maker*), bricolagem e jogos, como um bingo em inglês com direito a prêmios.

Figura 8 Dia do bingo

Fonte: Autoria própria.

Figura 9 Alunos executando atividade

Fonte: Autoria própria.

Implementação

Com o protótipo rodando com o público, tivemos a oportunidade de identificar os possíveis erros, entender o que deu certo e o que precisa ser repensado e reprojetado. No nosso caso, entendemos que precisamos implementar mais uma ou duas rodadas de testes antes da última etapa, que é a fase de implementação, para que o serviço possa ser replicado para toda a rede de bibliotecas.

CONCLUSÃO

Lankes (2016) afirmou o seguinte:

> A diferença entre a boa e a excelente [biblioteca] resume-se a isso: a biblioteca que busca servir sua comunidade é boa, e a biblioteca que busca inspirar sua comunidade a ser cada vez melhor é excelente. Você pode gostar de uma biblioteca boa, mas precisa de uma excelente.

Em princípio, acreditávamos que o objetivo inicial do projeto seria o de prover experiências em línguas, entretanto, percebemos que seu principal objetivo é o de inspirar os participantes a almejar um crescimento que poderia ser limitado pelas suas condições e contextos. Algo fácil de se falar, mas não de se fazer. Algumas barreiras surgiram ao longo do desenvolvimento do projeto e servirão de subsídios para a próxima oferta da atividade. Entre elas podemos citar:

- A infraestrutura inadequada de internet em nossa biblioteca: como ela se situa em uma localidade com perfil socioeconômico mais vulnerável, em que o acesso a conexões adequadas de internet é limitado.

- Tivemos uma taxa elevada de abandono do programa, decorrente das limitações de locomoção, da necessidade de compartilhamento do aparelho celular com os demais membros da família e da disponibilidade dos responsáveis de acompanhá-los no contraturno escolar.
- Tivemos alguns problemas de ajustes de horários das atividades.
- Coincidentemente, na mesma época em que ofertamos a atividade, a escola também passou a ofertar disciplina de inglês. Consideraremos de, na próxima oferta, integrar as atividades com o andamento do curso.
- Pouco antes do fim do primeiro ciclo de testes, fomos informados de que a biblioteca passaria por reformas, interrompendo temporariamente a atividade. Em seguida, deu-se início ao período da pandemia.

Por fim, sentimos que as atividades foram engajadoras e os participantes se sentiram pertencentes à comunidade da biblioteca, motivos mais que suficientes para darmos prosseguimento ao desenvolvimento da "experiência".

REFERÊNCIA

LANKES, Richard David. **Expect more**: melhores bibliotecas para um mundo complexo. São Paulo: FEBAB, 2016.

- Capítulo 5 -

Bibliotecas e pessoas bibliotecárias no combate à desinformação: um olhar sobre as percepções dos estudantes de Biblioteconomia

Camila Letícia Melo Furtado
Andréa Doyle
Djuli Machado De Lucca

Em meio a tantos empecilhos entre a informação segura e os indivíduos, a Biblioteconomia, bibliotecas e bibliotecários compartilham a missão social de colaborar para que as pessoas construam suas missões bem-sucedidas no conhecimento a partir de informação útil e legítima, isto é, amparada em fatos da realidade. Afortunadamente, hoje a missão social desempenhada pela área, pela instituição biblioteca e pelo profissional da informação envolve a atuação participativa no controle das ameaças advindas da desinformação e seus emblemas, que atuam na chamada sociedade da informação.

Tais ameaças compõem um quadro problemático causado pela relação das pessoas com a informação, que, por protagonizar uma abundância informacional diária, tende a ser confusa e repleta de equívocos. Esse cenário possibilita um ambiente propício para o crescimento constante da desinformação, assim como o desenvolvimento de fenômenos como as *fake news* e pós-verdade, todos decorrentes das vertentes que envolvem a informação e suas ramificações.

O enfoque aqui não será nesses fenômenos, e sim em como o bibliotecário e a biblioteca podem atuar para diminuir seus impactos. No entanto, para que haja uma compreensão mais ampla sobre o assunto, será preciso realizar uma breve explicação conceitual sobre eles. A começar pela desinformação, que, superficialmente falando, se trata de um conjunto de fatores que envolvem a manipulação da informação – como notícias distorcidas, falsas, opiniões disfarçadas e afins – causando, por parte dos indivíduos, certa confusão, propositalmente ou não. O crescimento da desinformação ganha ainda mais impacto com a produção de *fake news*, que são notícias falsas produzidas por pessoas ou instituições com algum propósito de interesse, como, por exemplo, eleger um candidato a algum cargo. Por último, há também o fenômeno da pós-verdade, que se caracteriza pela relação das pessoas com a informação baseada em crenças e valores pessoais, em que o indivíduo se atrai pela informação que condiz com a sua própria opinião.

Há estudos mais completos sobre esses fenômenos, portanto, a intenção aqui é abordá-los brevemente para que apontamentos de possíveis ações que diminuam seus impactos, desenvolvidas pelo profissional bibliotecário e pela instituição biblioteca, sejam levantados através das entrevistas com os estudantes de Biblioteconomia.

A apresentação dos relatos acontecerá a partir de quatro aspectos. O primeiro deles diz respeito à percepção dos estudantes sobre a desinformação, ou seja, como eles acham que ela se desenvolve na sociedade e no cotidiano. O segundo momento abordará a visão que eles têm sobre a Biblioteconomia e como ela transformou suas relações com a informação. No terceiro, será discutida a atuação do bibliotecário e da biblioteca na linha de frente contra a desinformação. Por fim, no quarto e último momento, eles falarão sobre possíveis interesses em promover ações de combate à desinformação, já que, em um futuro próximo, atuarão como profissionais da informação. Entrevistamos dezessete alunos e aqui apresentamos respostas de alguns deles, em que adotamos nomes fictícios (Maria, Rita, Leonardo, Ronaldo, Clarice, Rosana e Elias). Quisemos elucidar as possibilidades de atuação da profissão e da biblioteca a partir dessas narrativas.

SOBRE OS RELATOS DOS ESTUDANTES

Em um primeiro momento, o foco do roteiro da entrevista foi a abordagem sobre a desinformação e o seu desenvolvimento na sociedade. É importante ressaltar aqui que o quadro em que vivemos hoje, a nível informacional, nos caracteriza como a "sociedade da informação". Isso acontece devido ao grande número de informações que são produzidas diariamente de forma descentralizada e percorrem o mundo instantaneamente. Diante disso, Maria, ao ser questionada, disse acreditar que a desinformação tem dois lados. De um a ignorância: falta de conhecimento e acesso por parte da comunidade, o que gera também a falta de senso crítico. E de outro, a produção desenfreada de notícias falsas e distorcidas, que se acumulam por meio das mídias sociais.

O acesso limitado à informação, principalmente quando segura e confiável, de fato é um problema enfrentado por um número considerável de pessoas. O surgimento da internet possibilitou aos indivíduos uma jornada autodidata na busca por informações, já que eles não têm mais que esperar um jornal ou revista lançarem notícias e passam a realizar pesquisas no Google. Porém, com isso, surge a questão do comprometimento com a verdade dessas notícias: será que esse conteúdo produzido de forma gratuita e desconhecida é confiável? Essa situação se agrava ainda mais com o surgimento das mídias sociais, que movimentam integrações diariamente e atuam promovendo a circulação de qualquer tipo de informação de forma livre, algo que pode ser relacionado com a fala de Leonardo, que afirma que passar uma informação errada pode levar as pessoas a cometer erros nesse sentido, gerando desinformação.

No cenário da internet e das mídias sociais, a informação possui aspectos que impossibilitam que a categorizemos a partir do antagonismo verdadeira *versus* falsa. Há um universo dúbio em relação ao conteúdo produzido, as informações vão muito além das categorias citadas. Essa questão, pode-se dizer, dificulta ainda mais o processo de checagem da confiabilidade das notícias que circulam pelas redes, fato que desencadeia o desenvolvimento crescente da desinformação.

Dentre as pessoas entrevistadas, teve também quem apontou a desinformação como a falta de informação correta. Algumas afirmaram acreditar que o fenômeno acontece quando há pessoas que não sabem qual a sua necessidade de informação ou que não possuem o domínio de checar corretamente as fontes. Assim, Rita afirma que classifica a desinformação como a falta de uma informação específica. Como quando você tem uma necessidade informacional, mas a informação que possui é inútil e não a supre.

A necessidade de informação não suprida é um problema

real, mas há também quem não saiba reconhecê-la. Ousamos dizer que essa problemática pode gerar nas pessoas uma posição de vulnerabilidade no âmbito informacional. Isso dá espaço para que qualquer informação seja recebida e aceita facilmente. Esse cenário pode ser o ambiente perfeito para que haja diferentes tipos de manipulação através das informações, quando produzidas com tal finalidade. Os indivíduos podem ser reduzidos a uma "massa de manobra" quando não reconhecem esses elementos, restando a eles a alienação. É como se a abundância informacional servisse de anestesia que age em prol da não checagem de fontes ou algo parecido.

Ficou claro, nesse primeiro momento, que a desinformação é um fenômeno em crescimento. Os entrevistados se dispuseram de diferentes pontos de vista sobre o assunto, mas todos concordaram que a situação é preocupante e que a produção de informes fraudulentos e tendenciosos está contribuindo para que as pessoas tenham cada vez mais dificuldade de consumir informações de forma segura e confiável.

Com todos os emblemas que rodeiam o fenômeno da desinformação, é possível afirmar que existem inúmeras vertentes que contribuem para o seu desenvolvimento. É arriscado dizer que há uma solução para tal problema, mas o que pode ser considerado é que existem profissionais da informação que, juntamente com a instituição biblioteca, podem ser determinantes para o combate a esse fenômeno.

Dessa forma, chegamos então ao segundo momento das entrevistas, em que o foco será no papel do curso de Biblioteconomia na relação dos estudantes com a informação. A pessoa bibliotecária, durante a graduação, desenvolve competências importantes para auxiliar a emancipação informacional das pessoas. Saber combater a desinformação é o ponto principal aqui abordado.

O que se espera de um bibliotecário, como profissional e mediador da informação, é que ele esteja sempre munido de boas referências informacionais. Por isso é de extrema importância que ele tenha uma preparação de qualidade durante a graduação. Maria reconheceu que, antes do curso, não tinha noção de como tratar a informação e nem o hábito de questioná-la e que isso era perigoso não só para ela, mas também para as pessoas ao seu redor. Então a Biblioteconomia serviu como inspiração para que percebesse a importância de tratar com seriedade tudo aquilo que a gente recebe diariamente como informação.

É notório que a graduação em Biblioteconomia capacita o profissional para lidar com a desinformação e gera um cuidado e preocupação por parte dele com relação à disseminação da informação. Leonardo afirma que sua relação com a informação mudou no sentido de checagem de fontes, pois antes não possuía a preocupação de encontrar a fonte das notícias, estando satisfeito com o conteúdo ali exposto. Afirmou também que, como quer se tornar um bibliotecário e aplicar as técnicas aprendidas durante o curso, tem por obrigação estar sempre atento às fontes primárias.

Ronaldo explica a sua concepção sobre como o curso de Biblioteconomia pode trazer questões importantes para a vida de qualquer pessoa, seja ela estudante, profissional da área ou apenas alguém inserido no meio social, pois os conhecimentos atribuídos durante o curso são necessários para exercer a cidadania e se integrar na sociedade. Afirmou que sempre foi curioso, mas, antes do curso, olhava uma informação e acreditava sem duvidar. Hoje em dia faz o contrário, pesquisa e entra em vários sites para ver se a informação, de fato, procede.

Com os discursos dos estudantes, fica claro que o bibliotecário pode ser considerado um profissional capacitado para atuar na linha de frente contra a desinformação e que o curso de Biblioteconomia prepara profissionais para combater as mazelas sociais advindas da desordem informacional. Dessa forma, ele se torna uma figura importante no âmbito da disseminação da informação, já que tem contato direto com ela. Atuando como mediador, ele cria uma espécie de ponte entre a informação e os indivíduos, e é por isso que tem uma função que deve ser tratada com seriedade e compromisso.

Partindo disso, passamos para o terceiro momento da entrevista, no qual os estudantes relatam sobre como o bibliotecário, assim como a biblioteca, podem atuar para combater a desinformação, tal como o seu papel social de mediador e agente informacional dentro e fora da instituição.

A biblioteca se difere das mídias sociais a nível informacional por ser um ambiente munido de informação segura e confiável. Por isso, é de extrema importância que seu gestor seja capaz de ter um olhar não só para questões técnicas e estruturais, mas também para a educação de seus usuários em relação ao consumo de informações. Há várias maneiras de promover ações que visam aprimorar esse ângulo mais social dentro da biblioteca, mas vamos começar aqui abordando o comportamento desse profissional, que deve ser de compromisso com boas fontes dentro e fora da sua posição de trabalho.

Maria relata que o bibliotecário é um potencializador do combate à desinformação, tendo por obrigação, sempre que receber uma notícia por qualquer mídia social, verificar se existe uma fonte que prove a sua veracidade e, se caso não existir, rebater e divulgar que se trata de uma notícia fraudulenta.

É claro que não é obrigação do profissional bibliotecário checar a fonte de todas as informações ao seu redor, até porque seria um serviço em tempo integral não remunerado. Porém, devido ao curso de Biblioteconomia e todas as suas disciplinas voltadas para o assunto, ele acaba criando o hábito de estar sempre atento. Isso nos remete a pensar que tal hábito pode ser passado para os usuários da biblioteca, agregando trabalhos que fogem dos habituais serviços de referência e promovendo a educação informacional para a comunidade. Assim afirma Leonardo quando diz que o bibliotecário é um elo entre a informação e o público, que está entre os dois mundos e é sempre o mediador da informação.

É importante ressaltar também a ligação da biblioteca com a educação e formação de leitores como uma ferramenta indispensável no combate à desinformação. Além de focar em assuntos específicos, vale lembrar que a construção de um acervo munido de leituras que incentivem o desenvolvimento cultural dos usuários é fundamental para que eles desenvolvam senso crítico. A biblioteca é um ambiente que abraça a todos, do mais rico aos mais vulneráveis, por isso é preciso pensar nessas pessoas como leitores em potencial e apresentar sempre uma leitura que seja prazerosa e não apenas necessária para algum fim específico e tecnicista.

É preciso se reinventar todos os dias para bater de frente com a ideia que é criada desde muito cedo na escola, onde há o primeiro contato dos usuários com a biblioteca, de que a instituição é um ambiente utilizado para "castigar" aqueles que não se comportam ou apresentam algum comportamento reprovável. Essa imagem criada na percepção das pessoas sobre a biblioteca dificulta o processo de aproximação dos usuários, fato prejudicial devido ao não aproveitamento da oportunidade de frequentar um ambiente no qual se tem acesso a um universo informacional seguro, com estrutura e orientação adequadas para acessar informações.

O que acontece atualmente é a busca por informações na internet com resultados infinitos e sem nenhuma confiabilidade na maioria dos casos. Essa problemática faz com que os indivíduos desenvolvam deficiências como, por exemplo, não saber a sua necessidade informacional – o que precisa, como e onde acessar. Ronaldo relata que os bibliotecários devem atuar implementando programas e projetos de conscientização sobre a desinformação e que apresentem a Competência Crítica em Informação (CCI) aos usuários.

A CCI é um movimento que busca desenvolver a competência em informação de forma humanista e emancipadora nas pessoas para que estas sejam capazes de serem agentes de mudança da realidade social. Apresentar a CCI aos indivíduos que frequentam a biblioteca é uma alternativa com forte potencial para resolver o problema da deficiência de necessidade informacional, pois apresenta maneiras e caminhos de como acessar informações de forma precisa e eficiente através de métodos que podem ajudar a atingir o objetivo desejado.

Diante disso, podemos identificar um leque de possibilidades de atuação do bibliotecário na biblioteca, utilizando os instrumentos necessários para que haja eficácia na construção de senso crítico e cultural por parte dos usuários. Clarice afirma que o que pode ser feito é a interação da abordagem de fenômenos informacionais que rodeiam a desinformação com atividades lúdicas que envolvem cartazes e murais expostos pela biblioteca.

Dessa forma, o papel desempenhado pelo bibliotecário é crucial para que a biblioteca consiga desenvolver sua função emancipadora com relação à comunidade. As habilidades desenvolvidas durante o curso de Biblioteconomia proporcionam ao profissional um olhar que não é apenas técnico, mas que aborda um lado social muito importante, principalmente no Brasil, que é um país onde há uma taxa considerável de pessoas que se enquadram na categoria de analfabetos funcionais, sendo incapazes de extrair conteúdo semântico da informação para a cidadania, liberdade e emancipação.

Por fim, é chegado o quarto e último momento da entrevista, no qual os estudantes mostraram se possuem interesse em promover ações de combate à desinformação enquanto profissionais e, se sim, quais são esses projetos. Já vimos como eles enxergam a desinformação, como a Biblioteconomia mudou a relação deles com a informação e como eles acham que o bibliotecário e a biblioteca podem atuar no combate à desinformação. Agora, é possível compreender os objetivos que eles têm em relação à temática enquanto mediadores da informação.

Nessa parte, os estudantes mostraram interesses diversos em relação às possíveis ações que poderiam promover enquanto profissionais da informação, voltadas para atuar contra a desinformação. Entre eles, houve aqueles que afirmaram querer trabalhar em áreas específicas em que já estão envolvidos. Rita disse querer se aprofundar na área do entretenimento adulto, em como ele gera um conhecimento esquizofrênico nas pessoas enquanto seres inseridos na sociedade e em como isso afeta comportamentos.

A desinformação abrange muitas áreas, há um universo de assuntos nos quais ela pode se desenvolver. Considerando a área de interesse de Rita, é muito fácil compreender que ela, enquanto aspirante a profissional, está dando atenção para uma área que não é tão explorada no sentido científico, mas que possui vertentes que afetam a percepção das pessoas em nível comportamental, fato muito característico da desinformação e suas consequências para a sociedade. O entretenimento adulto mostra problemas sociais sérios, como a existência da pedofilia, cultura do estupro, violência contra as mulheres, zoofilia, além de causar uma noção ilusória sobre as relações sexuais reais, ou seja, a desinformação nessa área é gigantesca e muito preocupante. Abordar essas questões a nível científico é um ato não só de grande importância como também necessário.

Já Maria também possui interesse em uma área específica. Dessa vez, ela pretende atuar com temáticas que envolvem seu atual local de trabalho, que aborda a vigilância de saúde. Ela afirma que pretende combater a desinformação usando os conhecimentos que adquiriu durante o curso de Biblioteconomia, sobre vacinas, quanto às doenças e às várias questões na área da saúde para o público. Segundo ela, a nossa população é desassistida e muitas informações falsas são divulgadas, dessa forma, ela pretende atuar através de ações que ajudem a combater essa desinformação.

A desinformação na área da saúde é muito preocupante, pois afeta a saúde pública de forma geral, como, por exemplo, o movimento anti-vacina em meio a uma pandemia. Há inúmeros fatos, inclusive comprovados pela ciência, que provam a viabilidade de determinadas informações, mas quando a desinformação é desenvolvida de forma tão sólida entre alguns grupos, eles parecem não se importar e se tornam irrelevantes. É claro que os profissionais da saúde desempenham um papel que visa combater a desinformação nesse sentido, principalmente quando há recomendações de segurança a serem seguidas. Porém, é possível reconhecer que os profissionais da informação, com todas as suas ferramentas, são totalmente capazes de contribuir com o fim da ignorância ou pelo menos amenizá-la.

Houve quem teve um olhar para a biblioteca como aliada no combate ao vício em drogas. Rosana diz ter vontade de construir uma biblioteca comunitária na pracinha que fica perto de sua casa, pois lá se encontra um grande número de jovens usando drogas. Ela relata que já tem esse projeto em mente há bastante tempo e espera poder realizá-lo um dia.

O projeto de Rosana nos remete a pensar no quanto a biblioteca pode ter um poder transformador na vida dos jovens. Alguns grupos mais vulneráveis muitas vezes não têm acesso ao ambiente da biblioteca, no qual poderiam se deparar com um universo que possibilita um alcance imensurável a conhecimentos que trariam mudanças positivas em suas vidas. Dessa forma, pensar em uma biblioteca comunitária em locais estratégicos é de uma empatia que o profissional bibliotecário precisa ter, já que possui também seu papel como educador.

Elias mostrou interesse em promover palestras que auxiliem as pessoas a ter conhecimento de seus direitos como cidadãos. Segundo ele, muitos não sabem que existe um cadastro único que dá benefícios para pessoas de baixa renda, então é possível enxergar muitas coisas que podem ser feitas para ajudar esse público.

Assim como os outros grupos mencionados acima, há uma deficiência informacional por parte de pessoas que se encontram em situação de baixa renda. São inúmeros fatores que contribuem para isso, um deles é a falta de acesso à informação. Mas não são apenas questões que envolvem a ausência de internet ou aparelhos que ajudam a ter acesso às informações básicas que dificultam a presença de informação utilitária para essas pessoas, também falta instrução de como utilizar a tecnologia para realizar tal tarefa, fato que dificulta o dia a dia. Sendo assim, a ajuda de um profissional da informação também se faz extremamente necessária.

Por outro lado, além de projetos que visem combater a desinformação e suprir a necessidade de informação das pessoas ou utilizar a biblioteca como agente transformador na vida de jovens em situação vulnerável, há também quem pense em empreender. Assim como a Clarice, que afirma já ter o hábito de expor livros na janela de sua casa com a intenção de incentivar a leitura e proporcionar a liberdade de adquirir livros para quem estiver passando. Ela sonha em montar um café biblioteca que reúna um ambiente agradável e leituras diversificadas.

Assim como alguns estudantes possuem projetos incríveis que têm potencial para serem revolucionários para a sociedade, teve também os que afirmaram não ter nada em mente. Porém, relataram que pensam em promover o incentivo de combate à desinformação nas unidades em que estiverem inseridos. Leonardo afirmou que essas ações só são aplicáveis quando se está dentro de uma instituição, para que o projeto seja maior e não fique só no aspecto particular.

Vale reconhecer o alcance da instituição para promover esse tipo de projeto, usar da sua profissão e da unidade de informação em que trabalha para desenvolver um olhar que incentive a conscientização sobre os fenômenos envoltos da informação. Com isso, é possível observar que os estudantes pretendem se dispor da função social da profissão e atuar contra a desinformação, a favor do conhecimento e desenvolvimento do senso crítico da comunidade. Esses projetos, mesmo sendo só vontades prematuras de futuros bibliotecários, são de extrema importância e contribuem para o fortalecimento da ponta de esperança que temos em combater a desinformação.

- Capítulo 6 -

Nasce uma biblioteca: criando raízes e quebrando preconceitos

Gisele Camargo Monteiro

As bibliotecas sempre estiveram associadas ao erudito e à preservação do conhecimento. Desde que a humanidade demonstrou preocupação em registrar o que produzia intelectualmente, surgiu também a necessidade de guarda e preservação em um local dedicado especificamente para tal função. Desta forma, surgiram as primeiras bibliotecas na Mesopotâmia.

Ao longo de mais de 5000 anos de história das bibliotecas, perpetuou-se uma estreita relação destas com a sapiência e a guarda do sagrado – o conhecimento. Consequentemente, o acesso às bibliotecas estava disponível apenas para uns poucos escolhidos – os que tinham o privilégio de ter acesso à educação –, ou seja, pessoas pertencentes a uma classe social mais elevada, detentora do conhecimento, do poder econômico e cultural ou do clero.

Com a invenção da imprensa, o humanismo renascentista e ainda as transformações políticas e culturais, despertou-se um questionamento em relação a esse perfil das bibliotecas e de seus utilizadores, desenvolvendo-se assim uma preocupação com a democratização da informação e da leitura.

Juntamente dos ideais de igualdade e liberdade, a facilidade em publicar e distribuir livros e, ainda, a ampliação da educação, viu-se o número de alfabetizados crescer e a biblioteca que até então era dedicada à preservação e vista como local sagrado, um templo do saber dedicado ao silêncio, passa a servir a um público diverso, adquirindo o conceito de biblioteca pública moderna.

Rapidamente a relevância social da biblioteca é impulsionada. O livro torna-se imprescindível e um pouco mais acessível e as bibliotecas passam a atender em horários regulares, disponibilizando além de seus acervos (com variadas temáticas), outros produtos e serviços informacionais. O trabalho do bibliotecário passa a ter como missão democratizar e promover o acesso à informação, à leitura, literatura e buscar leitores.

A biblioteca pública torna-se um equipamento cultural democrático e de livre acesso à leitura, à informação e ao conhecimento. Com acervo diverso é possível ampliar as chances de apropriação de novos conhecimentos por parte dos cidadãos que frequentam esses espaços. Os serviços oferecidos contribuem para a formação de uma sociedade leitora, crítica e atuante.

Essa instituição milenar vem se adaptando, modificando e especializando no decorrer de sua existência para atender aos novos paradigmas sociais e às múltiplas necessidades informacionais e educacionais de seus frequentadores. É nesse sentido que as bibliotecas públicas precisam assumir que são lugares de debate e que têm um papel crucial em oferecer atividades e produtos que auxiliem na construção de uma sociedade mais justa e livre.

A sociedade brasileira, apesar de formada por diferentes grupos culturais e étnico-raciais, não tem essa diversidade valorizada em sua história, cultura, arte e literatura pela própria população. Apesar dessa riqueza diversa, a história do Brasil é atravessada pelo preconceito, discriminação e anulação das culturas indígenas e afrodescendentes.

Ambientes informacionais como as bibliotecas têm a responsabilidade de, através de seus acervos, buscar uma maior representatividade e valorização dos povos que construíram e constroem nossa cultura. O bibliotecário também assume uma nova postura, trabalhando como agente de promoção e mediação de temas que contribuam para a construção de uma sociedade menos preconceituosa e racista e mais equitativa.

De acordo com o Manifesto das Biblioteca Públicas da IFLA (1994), a instituição deve oferecer acesso para todos e serviços com base na igualdade, desta forma seu acervo e atividades oferecidas devem refletir, satisfazer e representar as necessidades informacionais dos mais diversos grupos da comunidade a que atende. Tratando-se de uma instituição financiada através de recursos públicos, que oferece serviço gratuito para toda população, a biblioteca pública segue uma ordem social dominante que historicamente fortalece – priorizando por meio de seu acervo – determinado grupo em detrimento do outro.

Sendo assim, a presença de materiais bibliográficos diversos que valorizem e fortaleçam grupos afrodescendentes e minorias pouco ou nunca representadas contribui para a preservação da sua história, cultura e memória. Apenas dessa forma a biblioteca pública será realmente uma instituição democrática. A fim de que essa realidade se concretize, o bibliotecário como responsável pelo processo de seleção e disseminação da informação deve estar atento para representações e reproduções negativas relacionadas às populações afrodescendentes, desenvolvendo um trabalho questionador e crítico frente às coleções e a seus usuários.

Orientando-se por esses conceitos e valores que a Biblioteca Professora Rilma Alvarenga Rodrigues vem buscando construir o seu trabalho. A biblioteca está situada no bairro de Nova Cidade, município de Itaboraí, região metropolitana do Rio de Janeiro. A instituição faz parte do projeto Centro de Artes e Esportes Unificados (CEUs) do Governo Federal por meio do Ministério da Cidadania e é administrada pela Secretaria Municipal de Cultura.

Foi inaugurada em janeiro de 2020, com um acervo de aproximadamente três mil volumes, incluindo literaturas, livros didáticos, técnicos, literatura infantojuvenil e um pequeno acervo em Braille, doados por parceiros e pela Biblioteca Municipal Joaquim Manoel de Macedo – até então a única biblioteca do município –, sem um critério de seleção pré-estabelecido ou estruturado.

A biblioteca, em seu primeiro mês, ficou sob a responsabilidade de um auxiliar de biblioteca até completar o quadro de funcionários com um bibliotecário e um monitor de oficinas em fevereiro do mesmo ano, iniciando assim o atendimento ao público. Hoje a biblioteca funciona com apenas uma bibliotecária e uma auxiliar administrativa que divide atenção em atividades de outro setor.

Fechamos as portas em março devido à pandemia do novo coronavírus e reabrimos para limpeza e serviços internos de forma escalonada e horário reduzido em agosto. Durante catorze meses tivemos os atendimentos suspensos. Os empréstimos e cadastros ainda são feitos de forma manual e o acervo é organizado nas estantes de forma generalista, pois tudo foi colocado nas estantes em um mutirão para inauguração. O trabalho de catalogação começou em agosto e reiniciamos o atendimento ao público em junho de 2021.

Cabe esclarecer que as praças CEUs são instaladas em comunidades onde há vulnerabilidade social e são destinadas à prática de esporte e lazer, contam com biblioteca, telecentro, cineteatro/auditório, quadra poliesportiva coberta, pista de skate, equipamentos de ginástica, *playground*, pista de caminhada e um Centro de Referência em Assistência Social (CRAS).

Como parte de um equipamento que visa a promoção da cidadania através de serviços, cultura, esporte e lazer, a biblioteca, mais do que nunca, exerce não só um papel social como educacional em apresentar, difundir e tornar acessíveis os serviços de informações e cultura.

Após retomarmos o atendimento, percebemos que grande parte do público adulto que frequenta a praça vai à busca dos serviços do CRAS, já os jovens e crianças, para aproveitar os espaços de lazer, como a quadra e o parquinho. Quando passam pela biblioteca e pedem informação, surpreendem-se em saber que o espaço é público, que podem utilizar a biblioteca, tendo um entendimento que o espaço só é utilizado por quem deseja ou sabe ler.

Empenhados em apresentar a biblioteca aos frequentadores, tornando-a um ambiente não hostil, tencionando despertar neles um sentimento de pertencimento e transformando-a em um local de convivência, iniciamos um processo de chamamento pelas crianças. Criamos um espaço com quadrinhos, material para colorir e jogos.

Atraídos pelo colorido, adultos e crianças são apresentados às diversas possibilidades de usos de uma biblioteca. Outra estratégia para desestigmatizar a biblioteca foi a parceria com o CRAS para apoio às atividades oferecidas em seus grupos de convivência, onde disponibilizamos o espaço da biblioteca para demais atividades. Com essa iniciativa, algumas crianças passaram a procurá-la para pintar, montar quebra-cabeça ou simplesmente conversar.

Entendemos que esse desconhecimento por parte da população local é reflexo da falta de acesso às instituições culturais, que tem as zonas centrais como preferência para suas construções, isso dificulta o acesso para os moradores de áreas periféricas. E ainda o preconceito que encaram ao tentarem acessar esses lugares, tornando-os hostis.

A ausência de bibliotecas escolares também contribui para que as crianças cresçam sem familiaridade com a biblioteca e também sem construírem o hábito de leitura. A falta de acesso à cultura não é o único problema dos moradores da periferia, acesso à informação, educação, saúde e serviços básicos também são uma constante histórica. Um dos reflexos dessa desigualdade foi apresentado em uma pesquisa feita pela Universidade Federal de Minas Geral e PUC-RJ, em que homens negros periféricos são mais vulneráveis ao Covid-19 e que mais de 50% dos homens negros que se internam com a doença morrem[8].

O acesso à biblioteca favorece a aquisição de competência informacional além de contribuir com a aquisição de cultura através da literatura. A experiência das bibliotecas comunitárias demonstra o grande número de pessoas que se beneficiam dessas iniciativas e o diferencial que faz na vida das pessoas periféricas. O acesso ao livro e à literatura é algo que precisa ser construído, não podemos pensar que apenas disponibilizar um espaço físico com um acervo

---

[8] Disponível em: https://www.medicina.ufmg.br/negros-morrem-mais-pela-covid-19/

é suficiente para despertar e conscientizar as pessoas dos benefícios da leitura e da importância da biblioteca.

Esse é o entendimento da administração pública em relação à biblioteca. Estão sempre questionando a existência das bibliotecas, afirmando que elas não são frequentadas, que não há interesse e por isso não há necessidade de investimento.

A cada dia vemos que as pessoas para as quais, principalmente, a biblioteca pública é feita são subvalorizadas. As classes C e D que, em sua maioria, dependem de serviços públicos são relegadas à falta de acolhimento, higiene e cultura. Não há reconhecimento do sujeito nem dos grupos. São estereotipadas como pessoas sem interesse, sem expectativas, fadadas ao fracasso, e por isso não precisam de acesso a certos locais e conhecimentos.

Enfrentando as dificuldades e pautados nos conceitos que fazem da biblioteca pública uma instituição democrática, que atenda a comunidade que está inserida de acordo com suas necessidades, retomamos as atividades buscando parceiros. Fizemos contatos com escritores locais para apresentar o novo espaço e convidá-los a usar para lançamentos de obras, *lives*, saraus e contação de histórias, e cada um deles gentilmente cedeu através de doação exemplares de suas obras para compor nosso acervo. Recebemos também uma doação de 250 revistas em quadrinhos para serem distribuídas. Através do Sistema Estadual de Bibliotecas do Rio de Janeiro e da Imprensa Oficial também recebemos novos títulos para o acervo.

Outra parceria constituída foi com o Fórum Permanente de Mulheres Negras em Itaboraí, com o objetivo de tornar a biblioteca um lugar onde a população negra se veja representada e que tenha acesso a sua história e cultura. A parceria com o Fórum rendeu-nos uma programação que vai de julho até dezembro. Todas as ações contaram com orientações sobre os protocolos para evitar a contaminação e proliferação da Covid-19.

Na primeira ação com o Fórum foi proposta uma avaliação do acervo, começando pelo infantil, para diagnóstico das obras com temática afrodescendente, com representação não estereotipada do negro e construção de uma lista com indicação de literatura para futura aquisição. Em paralelo, a assistente social Tabatta Santos e a estudante de Ciências Sociais Elisabeth Arruda, integrantes do Fórum, propuseram contações de história, a exibição de documentários sobre a cultura negra e ainda uma programação especial para novembro, mês da consciência negra.

As ações nomeadas de *Meu crespo é de rainha, Quem eu sou* e *Conhecimentos afro-brasileiros* iniciaram-se em julho de 2021 com o objetivo de trabalhar afirmação de identidade, autoestima e valorização da estética negra. Além de apresentação de referenciais positivos para exaltar a negritude e a ancestralidade, propagar a literatura afro-brasileira, refletir e desmistificar as culturas marginais produzidas pela população negra, estimular o pensamento crítico diante a identidade étnico-racial e reafirmar a história dos negros diaspóricos a partir de temas atuais.

A primeira ação foi uma contação de história para crianças, os livros usados foram *A mãe que voava,* de Caroline Carvalho, e *Lulu adora a biblioteca,* de Anna McQuinn. No primeiro, uma criança lida com o fato da mãe trabalhar fora e ela ficar em casa e no outro, uma criança que adora ir à biblioteca ler e passar um tempinho com a mãe.

As histórias escolhidas levaram em consideração o fato de ser uma realidade da criança negra e periférica a separação da mãe que precisa trabalhar, esta, muitas vezes, a única provedora do lar, e ainda apresentar a biblioteca como um lugar divertido, interessante e do qual ela pode e deve se apropriar. Durante a contação as crianças tiveram acesso a bonecos negros e foram distribuídas imagens para colorir de mulheres negras inspiradoras que marcaram história.

Nessa atividade tivemos uma presença pequena de crianças, o que pode ser explicado pelo pouco ou nenhum estímulo em praticar leitura e frequentar uma biblioteca, que não existia na localidade até janeiro de 2020. No entanto, o encantamento com o livro, ilustrações, histórias e bonecos foi manifestado com expressão e palavras, mantiveram-se abraçados com os bonecos até o fim da atividade.

Na segunda ação tivemos uma contação de histórias com o livro *Meu cacho é de rainha,* da bell hooks, atividade de colagem e ainda apresentação do curta metragem *Hair love,* de Matthew A. Cherry. Com essas atividades pretendíamos trabalhar a autoestima infantil. Depois de ouvir a história foram distribuídas folhas, lápis de colorir, cola e lã de três cores e as crianças foram orientadas a se desenharem e representarem seus cabelos com a lã.

Essa atividade foi oferecida em dois horários, manhã e tarde, e teve uma boa participação de crianças. Elas adoraram colar "seus cabelos" no desenho e depois serem fotografadas com o autorretrato. Depois do filme e da mensagem de auto aceitação, mostraram-se muito satisfeitas e encorajadas. Recebemos elogios que não foram apenas para a atividade e suas executoras, mas para o fato de uma instituição pública oferecer tal atividade de forma gratuita para a população.

A exibição do curta fez tanto sucesso que haverá uma programação de exibições mensais de curtas metragens que retratam e exaltam as culturas de origem africana e indígena. Assim, contribuindo para uma amplitude cultural para as crianças que frequentam o equipamento e exaltação da ancestralidade.

Na terceira ação focamos nos jovens a partir de 14 anos e exibimos o documentário de Pedro Fávero, *O rap pelo rap*, de 2014. O filme discute a história do rap no Brasil, o preconceito e outros elementos que envolvem essa cultura sob a perspectiva de MCs, DJs e produtores. Para complementar, convidamos integrantes da Roda Cultural Batalha da Foice, onde jovens artistas promovem batalhas de rimas, difundindo a cultura hip-hop e outros elementos.

Nessa atividade não houve adesão por parte da comunidade, apesar de haver uma grande circulação de jovens pelo espaço e de terem sido convidados pessoalmente para participarem. Em conversa pós filme, surgiram entre os participantes questões como o desconhecimento, preconceito ou formato pouco atrativo. Novas estratégias serão criadas para a próxima edição.

Nas atividades desenvolvidas o Fórum doou todos os livros usados nas contações de histórias e ainda o livro *Sobrevivendo ao inferno*, dos Racionais MC's. Essas doações contribuem para tornar o acervo mais democrático e representativo.

Dentre as ações que ainda não foram possíveis concretizar estão: Debate cine biblio, onde são reproduzidos filmes baseados em livros disponíveis na biblioteca e a partir da temática abordada um especialista é convidado para um bate-papo; Cine biblio sessão inclusiva – exibição de filmes com áudio descrição e/ou legenda em libras; Ciência na biblioteca, ações de divulgação científica e que desmistificam a ciência e o cientista; oficinas diversas e ciclos de palestras.

Ainda estamos caminhando nessa estrada, no entanto, já estamos muito satisfeitos por termos iniciado e encontrado parceiros para nos auxiliar nessa empreitada. Muito nos anima que a cada ação recebemos uma sugestão ou uma demanda, assim podemos ir construindo uma programação e um acervo que realmente atendam às necessidades da comunidade na qual estamos inseridos.

Aos poucos vamos tornando a biblioteca parte da comunidade, um local associado também ao prazer e ao lazer, onde todos são bem-vindos independentemente de idade, classe, cor ou nível escolar. Ainda em 2021 temos que desmistificar o estigma do templo erudito da biblioteca.

Há muitas barreiras a serem quebradas. O preconceito em relação ao espaço da biblioteca, que ainda é visto por muitos como algo inacessível para aqueles que não querem ou não gostam de ler, a falta de materiais que representem sua classe, sua etnia e raça, a falta de acervo atualizado, a dificuldade frente ao novo, o desconhecimento da existência da biblioteca no bairro e sua função e ainda a constante necessidade de convencimento do poder público da importância de investimento na biblioteca são algumas delas.

- Capítulo 7 -

O lúdico como transformador cultural de jovens leitores

Pietra Gomes Ramires
Brenda Costa Fonseca
Paula Carvalho de Andrade
Cinthya Boroni Mourão

A leitura é um dos fatores na construção social de um indivíduo, notado que através dela conseguem absorver conhecimento e transformá-lo em um recurso de aprendizagem. Por esta razão, definiu-se esta abordagem visando a aproximação do aluno com a biblioteca através do lúdico para, consequentemente, proporcionar a oportunidade de se acercar dos livros. É essencial incentivar o hábito da leitura desde a infância para desenvolver uma sociedade com indivíduos críticos no futuro. Todavia, para criar esse hábito deve-se apostar em diferentes estratégias.

Desta forma, para exercitar o hábito de leitura com crianças se torna necessário utilizar recursos compreensíveis ao raciocínio infantil em desenvolvimento. As brincadeiras têm muita importância por estarem em conformidade com os interesses das suas respectivas idades, ou seja, na compreensão da criança, a brincadeira possui significação no seu processo de aprendizagem. Portanto, o lúdico se instaura como um dos principais instrumentos de mediação para o processo de ensino e aprendizagem, amparando a contextualização de um universo onde a realidade e a fantasia se misturam, contribuindo para o desenvolvimento cultural, emocional, intelectual e crítico.

Visando trabalhar o incentivo à leitura e apresentar mulheres que revolucionaram a história, realizou-se uma ação cultural com crianças da Escola de Ensino Fundamental Barão de Cêrro Largo, de natureza pública, localizada no município de Rio Grande (RS). Assim, visando aproximar os jovens à literatura, em que foi apresentada aos alunos uma realidade talvez nunca vista ou vivenciada, pois as personagens do livro foram retratadas através da caracterização com roupas e objetos significantes, dando vida às histórias que eram apenas escritas. Após uma seleção, buscaram-se as melhores características de cada protagonista brasileira, intencionando não somente interpretá-las de maneira teatral, mas, sim, torná-las alvo de exclusividade, considerando sua história, sua essência e ambições, tendo em vista que talvez seja esse aspecto lúdico que muitas vezes os jovens perdem, por falta de incentivo ou até mesmo visibilidade, e acabam por desistir de sonhar, algo fundamental na infância.

O ato de ler é inicialmente contextualizado como a função de decodificar signos, no entanto, ao aprofundar essa ação, evidencia-se que é muito mais ampla, pois a leitura de um determinado texto consegue produzir um sentido para o leitor, em que ocorre a relação entre o mundo literário e o mundo no qual o sujeito está inserido (BRITO, 2010). Dessa forma, a leitura recebe um papel muito influente na sociedade, através dela se torna possível idealizar questionamentos e, consequentemente, propiciar reflexões críticas (CALDIN, 2003).

Conforme Brito (2010), a leitura pode ser dividida em três níveis, a saber:

I. Nível sensorial, relacionado com os sentidos que estão rodeando o leitor;
II. Nível emocional, vinculado às emoções de cada leitor durante a ação;
III. Nível racional, relacionado ao viés intelectual, ou seja, à criticidade do leitor.

Durante o processo de leitura é possível evidenciar cada um desses níveis, pois o leitor aciona automaticamente os seus sentidos, que relacionam a narrativa da história com seus conhecimentos prévios, fazendo fluir emoções que em outras circunstâncias poderiam se manter ocultas. Após assimilar os sentidos e as emoções, consegue de maneira racional refletir sobre a temática da leitura, explorando o seu ponto de vista crítico. Com a exploração desses três níveis da capacidade humana de leitura, destaca-se que ela ultrapassa o limite das letras e do papel, observando que os indivíduos começam a participar ativamente na sociedade, visto que a leitura conduz parte do projeto de alfabetização e promove o desenvolvimento da capacidade verbal, assim como ocasiona na assimilação de novas ideias e experiências (BRITO, 2010).

Atualmente algumas crianças já desenvolvem o hábito da leitura desde os primeiros anos de vida, mediante o incentivo da família na ação de contar histórias, normalmente com narrativas que trazem princípios de cidadania, valores e regras de sociabilidade. Infelizmente compreende-se que essa não é uma realidade para todas as crianças, tendo em vista que cada família possui suas limitações educacionais, financeiras e principalmente falta de tempo.

Caldin (2003) pontua uma questão muito influente para o progresso da leitura, observando que, mesmo o ato de ler sendo um direito de todos, não significa que todos tenham acesso, visto que mesmo um indivíduo alfabetizado pode não deter recursos financeiros para consumir livros, e nesta perspectiva a biblioteca escolar entra em cena. As bibliotecas têm um grande papel no auxílio do ensino e aprendizagem, pois a biblioteca e o ensino não se excluem, mas se complementam.

Hubner e Kuhn (2017) alegam que a partir do momento que as bibliotecas saem do lugar de intocáveis para que seus usuários tenham livre acesso ao espaço e seu acervo, um novo papel começa a ser atribuído a estas instituições mediante essa nova autonomia. Assumindo uma função relevante na construção de conhecimentos no ambiente acadêmico, que nelas pode-se ter desejo de aprender, cultura, interação social e, acima de tudo, conhecimento sendo construído e ampliado. Sendo considerados espaços de aprendizagem e deixando de ser apenas espaços arquitetônicos.

Aprender nesses espaços se dá pelo elo entre colegas, professores e bibliotecários, que transformam o lugar para uma melhor relação e compreensão. Contudo, a questão é como trazer os alunos para as bibliotecas. Boto e Braz (2017) apresentam que os jovens que nasceram na era digital buscam obter informações sem esforço intelectual, por isso é necessário cativar seu interesse constante. Em vista disso, se faz fundamental o papel das bibliotecas, as quais, para cultivar o interesse, necessitam ser dinâmicas, estando em permanente circulação e renovação.

As crianças enquanto sujeitos em desenvolvimento possuem um raciocínio lógico diligente, todavia, ainda em formação, necessitando de um estímulo lúdico durante o processo de aprendizagem através do imaginário (COSTA, 2017). Salienta-se que o lúdico é necessário para qualquer ser humano em qualquer idade, não apenas como diversão na infância. As atividades lúdicas podem ser momentos descontraídos, simples passatempos que contribuem nos momentos de descobertas e estimulam a autonomia de cada pessoa.

Acentuando a perspectiva da aplicação do lúdico para crianças, dependendo da faixa etária, podem ser utilizados recursos determinados. Sabino (2008) destaca que para crianças da primeira infância, que ainda frequentam creches, a leitura deve ser realizada pausadamente com ênfase nas gesticulações para transmitir os sentimentos das personagens na narrativa, visando estimular as crianças a relatarem o que compreenderam. Já com crianças maiores, em processo de aprender a ler e escrever, se utiliza o método de leitura em conjunto, para que elas compreendam a história do ponto de vista de narrador, intencionando não só a assimilação dos sentimentos das personagens como também sua interiorização (SABINO, 2008).

Dessa forma, as crianças se inserem no conteúdo como construtoras do saber através da criatividade, imaginação e vontade de aprender, visto que podem interagir com a narrativa, professores e colegas, não se tornando uma aprendizagem tediosa (COSTA, 2017). Além disso, as atividades de aprendizagem utilizando o lúdico favorecem a sociabilidade entre as crianças, notando que não se estabelece um ambiente de aprendizagem individual, pois todos estão compreendendo e participando ativamente (COSTA, 2017).

Portanto, concebe-se que a aplicação do lúdico é muito benéfica para o ensino e aprendizagem, assim como para o incentivo à leitura, principalmente com crianças em idade escolar. No entanto, ressalta-se que mesmo esse recurso auxiliando para o desenvolvimento da autonomia e interação das crianças, é necessário propor atividades que os alunos se sintam incluídos, mas que também compreendam ser um conteúdo que eles devem levar a sério (COSTA, 2017).

Compreendendo as ponderações de Oliveira e Zen (2002), a realização de ações culturais possui como finalidade proporcionar a educação e transformação dos indivíduos através da mediação, visando aproximar a população da cultura. Essa ação cultural se configurou mediante a união da Biblioteconomia com o ensino, aprendizagem e incentivo à leitura em sala de aula. Um dos maiores problemas na realização de ações culturais é a falta de recursos financeiros, à vista disto, para a execução das atividades na escola idealizou-se a utilização de materiais que os mediadores e as crianças possuíam, ou seja, não houve investimento monetário para realizar a ação.

Desta forma, utilizou-se o livro *Extraordinárias: Mulheres que revolucionaram o Brasil*[9], de Aryane Cararo e Duda Porto de Souza, que narra a história de 44 mulheres que fizeram/fazem parte da história brasileira e que na maioria das vezes são ofuscadas na história do país. Dentre todos os nomes mencionados no livro, encontram-se atrizes, cantoras, engenheiras, enfermeiras, mães, guerreiras, escritoras e esportistas. Com tantos nomes ilustres, a missão de escolher as mulheres que seriam representadas na ação do Barão de Cerro Largo, no ano de 2018, se tornou custosa, visto que o grupo de mediadoras era composto por quatro integrantes, ou seja, poderiam ser escolhidas apenas quatro mulheres extraordinárias. Logo, foram selecionados nomes que possuíam histórias e profissões distintas, sendo: Ana Néri, a pioneira na enfermagem brasileira;

---

[9] CARARO, Aryane; SOUZA, Duda Porto de. **Extraordinárias**: Mulheres que revolucionaram o Brasil. São Paulo: Seguinte, 2018. 208 p.

Anita Garibaldi, revolucionária da Revolução Farroupilha; Dorina Nowill, cega desde a adolescência, foi uma educadora e filantropa na implantação de instituições para deficientes visuais; e Marta, a futebolista mais conhecida do Brasil.

Com a apuração das quatro mulheres produziu-se uma hora do conto lúdico por intermédio da dramatização. As mediadoras se caracterizaram com vestimentas semelhantes às das personagens históricas e manusearam objetos significantes para a narrativa delas. A intérprete de Marta utilizou a bola de futebol e a bandeira do Brasil para atrair a atenção das crianças na história de vida da futebolista. Anita Garibaldi usou o lenço vermelho destacado durante a Revolução Farroupilha e uma espada empunhada. Dorina Nowill levou um livro em braile para demonstrar como é realizada a leitura pelo tato. Ana Néri, com seu estetoscópio, expôs um pouco de sua trajetória na enfermagem brasileira.

A aplicação do lúdico nessa ação se tornou muito benéfica, visto que as crianças realmente se mantiveram atentas durante a contação, inclusive demonstrando curiosidade através de indagações. Destacando-se que o interesse nesse ambiente não se dividiu por gênero, tanto as meninas quanto os meninos se mantiveram interessados. Durante a contação os objetos foram sendo passados entre as crianças, mas, após o encerramento das historietas, elas solicitaram ver novamente.

Para confirmar que os alunos estavam realmente concentrados nas histórias contadas, foi realizada uma atividade de fixação mediante uma caça ao tesouro. Eles foram convidados a se juntar às personagens nessa busca e tiveram liberdade para escolher o seu grupo, assim como uma personagem para guiá-los. Durante a caça ao tesouro eles encontraram pistas em formato de perguntas sobre as histórias das personagens, que ao retornar à sala de aula foram lidas e os grupos deveriam responder. Quem respondesse mais perguntas corretamente era o "vencedor", todavia, o propósito não era promover a competição, e sim evidenciar se eles realmente absorveram os conhecimentos transmitidos.

Posteriormente, ao final da atividade de fixação, sucedeu uma atividade para reflexão, na qual deveriam desenhar ou escrever textos sobre o que ou quem representava a imagem de uma mulher extraordinária na perspectiva deles, com a finalidade de exteriorizar a representatividade das mulheres com base na vivência de cada um. Dentre os desenhos e textos foram evidenciadas as representações de suas famílias, mães, avós, tias, personagens famosas como heroínas de desenhos animados, e alguns desenharam as personagens históricas apresentadas.

De modo geral, a ação cultural teve êxito, notando que não foi apenas uma brincadeira para levar entretenimento, mas conseguiu principalmente repassar conhecimento cultural e histórico para jovens, expondo a representatividade do feminino na história brasileira, além de incentivar o hábito de leitura para conhecer outras personagens. Essa ação cultural ampliou-se para além dos objetivos propostos, pois, além de conseguir trabalhar o incentivo à leitura e expor algumas mulheres que revolucionaram a história brasileira, conseguiu transmitir conhecimentos histórico-culturais e desenvolver a sociabilidade entre as crianças através das atividades, às quais todas se mantiveram participativas.

A proposta, inicialmente, era levar a biblioteca para a sala de aula por intermédio do lúdico, mas, no final, a gratificação por realizar essa atividade certamente tomou uma proporção maior quando os alunos esqueceram que ali na frente deles também estavam graduandas de Biblioteconomia, pois acreditaram que realmente quem estava conversando com eles eram a Marta, futebolista brasileira; a Ana Néry, pioneira da enfermagem no Brasil; Dorina Nowill, educadora e filantropa de instituições para deficientes visuais; e Anita Garibaldi, revolucionária da Revolução Farroupilha. Esse cenário, que se tornou muito significativo para as mediadoras, constatou ser realmente importante instigar outros métodos de aprendizagem além do "padrão" institucionalizado, enfatizando que se pode aprender brincando, no qual novos métodos de ensino/aprendizagem demonstram possuir tanta eficiência quanto os antigos.

Por fim, destaca-se que a ação teve notoriedade na escola, chegando a sair uma matéria no jornal da cidade enfatizando o desenvolvimento das atividades. As mediadoras esperam que outras instituições desenvolvam mais ações semelhantes para que as crianças se considerem incluídas nas atividades e realmente compreendam os conhecimentos transmitidos.

REFERÊNCIAS

BOTO, Karolinne de Santana; BRAZ, Márcia Ivo. Práticas de incentivo à leitura para o público adolescente: um estudo sobre os best-sellers infanto-juvenis. **RBBD - Revista Brasileira de Biblioteconomia e Documentação**, São Paulo, v. 13, p. 670-690, 2017.

BRITO, Danielle Santos de. A importância da leitura na formação social do indivíduo. **Revela**: Periódico de Divulgação Científica FALS, São Paulo, ano 4, n. 8, p. 1-35, 2010.

CALDIN, Clarice Fortkamp. A função social da leitura da literatura infantil. **Encontros Bibli**: revista eletrônica de biblioteconomia e ciência da informação, n. 15, 2003.

COSTA, Gilbênia Karoliny Lima da. **O lúdico na educação infantil**: análise de seu papel na aprendizagem. 2017. 24 f. Trabalho de Conclusão de Curso (Licenciatura em Pedagogia) – Universidade Federal do Rio Grande do Norte, Caraúbas, 2017.

HUBNER, Marcos Leandro Freitas; KUHN, Ana Carolina Araujo. Bibliotecas universitárias como espaços de aprendizagem. **Biblos**: Revista do Instituto de Ciências Humanas e da Informação, Rio Grande, v. 31, n. 1, p. 51-72, 2017.

OLIVEIRA, Débora Costa; ZEN, Ana Maria Dalla. Ação cultural em bibliotecas escolares da rede pública de Porto Alegre. *In*: Congresso Brasileiro de Biblioteconomia, Documentação e Ciência da Informação, 20, 2002, Fortaleza. **Anais** ... Fortaleza: [S.n.], 2002.

SABINO, Maria Manuela do Carmo de. Importância educacional da leitura e estratégias para a sua promoção. **Revista Iberoamericana de Educación**, v. 45, n. 5, p. 1-11, 2008.

- Capítulo 8 -

Beber da fonte poética e dos saberes de Terreiros de Candomblé para pensar a mediação de leitura

Felínio Freitas

Para ler de outras maneiras – o Terreiro de Candomblé

> *Ninguém entra no Terreiro sem saudar Exu... então, antes de entrar nessa floresta-terreiro-texto-campo de mediação- embate de palavras, vamos saudar quem rege os caminhos, a linguagem, a comunicação e a poesia: Laroyê!*

O sagrado mora no batuque de homens e mulheres de pés no chão, naquele espaço apertado e simples, mas cheio de acolhimento e amor. Eu vi lugares onde um povo inteiro perseguia a poesia feita pelo balanço das saias, pelos cantos, pelo branco das vestes que resplandecia nas paredes em forma de luz. Nesse espaço chamado Terreiro de Candomblé, a palavra acolhe criando um verdadeiro oásis banhado na sabedoria ancestral. Sobre esta religião afro-brasileira, Sodré (2009, p. 2-3) ressalta que há:

> (...) uma divisão convencionada em base linguística, estabelecida como nações de candomblé, inclusive com variedades classificatórias no âmbito das diversidades dos estados que formam a federação brasileira e a presença de determinada

> etnia africana nos mesmos em tempos coloniais. O modelo geral seria: Ketu-nagô (yorubá), Jexá ou Ijexá (yorubá), Jeje (fon), Angola (banto), Congo (banto), Angola-congo (banto). Acrescenta-se a essa divisão o candomblé de Caboclo. Vale registrar a presença do orixá EXU, nas suas diversas variáveis, como elemento dinamizador das práticas dessas nações.

Nesse sentido, Bastide (1971) aponta que as divindades não eram cultuadas em conjunto em uma mesma região no continente africano, ou seja, cada localidade possuía um Orixá de culto. Além disso, não existia a concepção de Terreiro que predomina atualmente no Brasil, onde há o culto de todas as divindades num único espaço. Pode-se dizer que a origem dessa prática data do período escravagista no Brasil, no qual muitos homens e mulheres resistiam ao violento (sangrento!) processo colonial com seus saberes, poesia, crenças e práticas, inclusive como meio de manter vivas suas relações com o passado e o sagrado. Dessa forma, passaram a cultuar diferentes divindades – como Ogum, Iemanjá, Oxum, Nanã, Oxóssi, dentre outros – em um único território, que foi então nomeado *terreiro*.

Os Terreiros são, em síntese, lugares de saber. Neles o tempo corre noutra dimensão, onde o tempo dos homens e mulheres não é guiado pela pressa, pelas pressões mundanas ou pelo barulho cotidiano. Trata-se de um lugar para o cultivo do cuidado e da escuta-palavra, da sensibilidade, da inteligência, dos laços familiares e comunitários, ou seja, é um espaço mediador contra colonial.

O espaço fabril também é lugar de livros – entre afetos, trocas e mediações de leitura

As reflexões desse texto são provenientes de uma pesquisa de mestrado em andamento que investiga a poética e os saberes do

Orixá Exu, conhecido nas religiões de matriz afro-brasileira como o mensageiro, e suas relações com o trabalho de Mediadoras/es de Leitura que atuaram em um projeto de difusão literária dentro de indústrias com operários e operárias entre os anos de 2017 a 2020. O estudo analisa as experiências, os caminhos afetivos, poéticos do trabalho com mediação de leitura dentro do espaço fabril e também o acesso ao livro-leitura como fortalecimento de processos de existência-cidadania e leitura de mundo.

Neste projeto, trabalhei como mediador de leitura em algumas cidades do interior de São Paulo. Os espaços fabris eram o meu "Terreiro" de atuação e também de outras/os mediadoras/es que trabalhavam no projeto em cidades do interior e grande São Paulo, nos quais a lógica operativa envolve a pressa, o ritmo acelerado para produzir, com imposições e com horário marcado-ritmado. O tempo regido entre marcar o ponto, almoçar, olhar o relógio no pulso ou na parede para ver quantas horas ainda faltavam para terminar o turno de trabalho e onde a sociabilidade durante a maior parte do tempo é regida por meio dos olhares.

Além das referências bibliográficas, a escrita desse texto também fundamenta-se no método auto etnográfico[10], no qual as experiências dos processos de mediação realizadas pelo pesquisador dentro de indústrias/empresas são utilizadas, assim como aspectos da sua vivência dentro de alguns Terreiros[11] de Candomblé.

---

[10] O método autoetnográfico se caracteriza pelo reconhecimento e a inclusão do pesquisador na definição e desenvolvimento da pesquisa (SANTOS, 2017). O método também "se caracteriza por uma escrita do 'eu' que permite o ir e vir entre a experiência pessoal e as dimensões culturais, a fim de colocar em ressonância a parte interior e mais sensível de si no processo da pesquisa" (FORTIN, 2009).

[11] Trago algumas dessas reflexões a partir da minha vivência como *Ndumbi* (o não-iniciado ou aquele recém-chegado que está sendo ensinado pelos mais velhos de casa) no Nzó Kyloatala, Terreiro de Candomblé Angola localizado em Embu Guaçu, e de outras Casas de Santo que conheci/frequentei.

Navegar num rio chamado encontro de Terreiros e de outros terreiros – dos espaços-tempos-poéticas diferentes

Seria possível, então, criar uma aproximação do espaço de mediação de leitura[12] com as poéticas, reverberações ou até mesmo com a pedagogia-pensar coletivo dos Terreiros de Candomblé para analisar mediações de leitura? Como conduzir a leitura da lógica de atuação da mediação no espaço fabril dentro da lógica-operação do espaço-tempo com as vivências, sociabilidades e inventividades dos Terreiros de Candomblé?

A relação construída entre esses espaços e os Terreiros de Candomblé[13] ocorrem justamente pela potência inventiva, pela possibilidade de desconstrução por meio do conhecimento e das provocações para pensar-questionar-rasurar as verdades já postas pela/na sociedade, pela possibilidade de atuação de um outro estar-olhar-sentir contra colonial do pensamento a partir do ato de ler e de suas reverberações internas em cada leitor(a). O trabalho de mediação de leitura pode ser avaliado a partir da cosmopercepção (OYEWÙMI, 2017), ou seja, a mediação também abrange o saber, os diferentes sentidos e a descrição de mundo a partir de diferentes grupos culturais. Sendo assim, a mediação de leitura tem como meta

---

[12] Especificamente para este capítulo, estes espaços de mediação de leitura não são exclusivamente bibliotecas. Eles são caracterizados como diferentes ambientes de encontro dentro da indústria, seja um galpão de linha de produção, como em frente às portas dos refeitórios. Por outro lado, esses mesmos espaços de mediação também poderiam ser salas com livros e bibliotecas itinerantes com cerca de 60 a 300 livros de gêneros diversos (literatura nacional, HQs, infantis, biografias, dentre outros).

[13] Além da definição de Terreiro exposta anteriormente, vale mencionar as palavras de Mãe Carmen de Oxaguiã na faixa *Oluwa Mi*, que faz parte do Álbum *Obatalá - Uma homenagem a Mãe Carmen* (2019): "O Terreiro é uma casa acolhedora, de irmãos, onde aqui a gente perde os títulos lá de fora. São todos aqui: 'Meu pai', 'minha mãe', 'meu irmão'. É uma família unida. Essa casa, esse terreiro, como queira nominar, é um grande útero onde cabem todos seus filhos e todos encontram aconchego, respeito, carinho e, quando necessário, o apoio."

construir outras possibilidades de imaginar, de estar no mundo numa relação dialógica entre o saber do/a mediador/a e do/a participante da mediação (ambos sendo atravessados pela fala e conhecimento de cada um em um processo de retroalimentação polifônico constante).

A noção de fazer parte de um Terreiro envolve uma concepção da vida, de olhar e estar no mundo de forma filosófica, política, poética e existencial. Machado (2019) menciona que esses espaços são lugares míticos de resistência política, proteção e cuidado com o outro, ou seja, são as "pequenas Áfricas" solidificadas e reinventadas na diáspora, como locais próprios na produção de conhecimentos e arranjos sócio afetivos. O espaço de mediação é um local de encontro das diferenças, do reconhecimento da vivência e do saber do/a outro/a. O pespontar do couro ou até mesmo os processos numa lavoura de cana-de-açúcar muitas vezes não permitem momentos de trocas sutis em decorrência da pressa que o trabalho exige. Os livros no momento de mediação permitiam a abertura de uma fenda por meio da palavra onde essas vivências emergiam, ou seja, eles eram pontes para costuras dialógicas. Os momentos de mediação potencializavam essas falas, essas escutas, e constituíam um espaço de discórdia amistosa, de acolhimento e espanto. E é interessante notar que esses acontecimentos estavam sempre vinculados a algum trecho de um livro, título ou até mesmo a uma ilustração presente na obra exposta ou mediada. O/a mediador/a agia nesse contexto como um maestro/maestrina: costurando falas, alinhavando pontos a partir da sua sensibilidade e tendo os livros como material-linha para essas costuras e dizeres.

Há, portanto, dois mundos e duas lógicas operativas totalmente diferentes, mas o que une esses dois espaços tão díspares é o conhecimento, a fala-palavra e a possibilidade de reconstrução de algo que, no caso, seria a sensibilidade adormecida para um outro olhar, sentir, estar e atuar no mundo. Nesse sentido, os saberes de Terreiros[14] de Candomblé são tecidos por meio da oralidade que transmite conhecimentos e memórias ancestrais da vivência e da observação de cada filho ou filha de santo, ou seja, não há um livro explicando o funcionamento e os detalhes de cada rito da religião. Todo o saber é gestado por meio da palavra, do estar e do fazer que ali obtêm a importância no aprendizado de práticas e existência no seio de uma comunidade.

Esses conhecimentos, tanto de Terreiros quanto do espaço de mediação, viram experiência, viram memória mediadora, repertório de corpos, gestos e ações leitoras. São experiências e elas são "o que nos passa, o que nos acontece, o que nos toca. Não o que se passa, não o que acontece, ou o que toca" (LARROSA, 2002, p. 21). Entretanto, para que essa experiência aconteça é preciso:

> [...] parar para pensar, parar para olhar, parar para escutar, pensar mais devagar, olhar mais devagar, e escutar mais devagar, parar para sentir, sentir mais devagar, demorar-se nos detalhes, suspender a opinião, suspender o juízo, suspender a vontade, suspender o automatismo da ação, cultivar a atenção e a delicadeza, abrir os olhos e os ouvidos, falar sobre o que nos acontece, aprender a lentidão, escutar os outros, cultivar a arte do encontro, calar muito, ter paciência e dar-se tempo e espaço (LAROSSA, 2002, p. 24).

O espaço de mediação se apresenta como um local em que o conhecimento circula livremente, mas para isso é preciso

---

14 "As ações deste lugar pressupõem o conhecimento dos rituais, embora nem todos saibam, pois se trata de uma religião iniciática na qual os neófitos acompanham o movimento dos mais velhos independente de conhecerem seus significados, que só virá sob participação contínua" (CONCEIÇÃO, 2006, p.32).

generosidade e abertura para a escuta e para a fala tanto do/a mediador/a quanto do/a participante da mediação. Nada deve estar encerrado, definido, e é preciso saber o momento certo para dizer a palavra, para provocar, silenciar, trazer outras visões sobre determinado assunto ou aprender algo com o/a ouvinte a partir da sua experiência de vida, de leituras e de transições.

Assim como num Terreiro de Candomblé, o espaço de mediação de leitura permite uma ligação cuidadosa com a palavra e com isso possibilita outras maneiras de estar no mundo dentro de uma relação de cuidado com o/a outro/a e com o gesto. Ao contrário disso, o espaço-tempo-vivência humana no dia a dia foi se distanciando da matéria original da palavra na sua origem: o dinamismo desenfreado do cotidiano e esse ausentar-se da escuta e da fala fizeram com que os falantes não prestassem atenção no sentido original das palavras, e o entendimento, o diálogo e a troca foram se apagando da nossa memória com o tempo. Usamos as palavras, mas não interrogamos com cuidado, sentindo e aprendendo seu sabor antes de qualquer coisa (BORDELOIS, 2003).

O espaço de mediação de leitura-terreiros – imbricados aqui neste texto pela cola da comunicação fabricada pelo Orixá Exu conversando com o menino Oxaguian debaixo de uma gameleira, protegidos pela sombra de uma nuvem chamada Tempo – se constitui como local de recuperação (cola-sutura) do elo perdido-apagado-esquecido da linguagem afetiva, ou seja, da recuperação de uma sabedoria comunitária, da vivência. Na linha de produção de uma indústria, a atenção está voltada para a máquina, para a velocidade, para gerar riquezas para o patrão, para o sistema do capital-exploração-venda do tempo-vida. A mediação de leitura, muitas vezes, altera o curso desse rio chamado automatismo-vida-labor desenfreado por alguns instantes ao trazer-semear a sensibilidade com a palavra escrita ou falada, com a troca entre os/as participantes da mediação.

Pensar um processo de Mediação de Leitura a partir das potências, poéticas e políticas de um Terreiro de Candomblé é pensar noutros deslocamentos dialógicos em relação à questão do tempo e do espaço-existência do/a outro/a no mundo. O espaço de Mediação de Leitura é um local de confluência de desejos, vontades, existências e inventividades presentes na sociedade, assim como ocorre nos Terreiros de Candomblé. Nesse paralelo, os/as mediadores/as de leitura assumem a figura de maestros/maestrinas, conectores/as ou até mesmo mensageiros/as, de forma semelhante à figura de Exu, que está sempre na Encruzilhada, acolhendo, escutando, abrindo caminhos, provocando e sendo provocado por meio da palavra, já que ele rege à comunicação-poesia.

Para que o acontecimento da potência da mediação ocorra é preciso estar atento à reinvenção-liberdade como um processo de fuga da realidade por meio das falas e relações com a leitura, desejos de reconstrução de sentidos para a vida ou de fuga de uma realidade para um possível reino da liberdade (LÖWY, 2002). Enfatiza-se, assim, uma tentativa subversiva de restabelecer no coração humano a poesia, a paixão, a imaginação, o mito, o sonho, a revolta e a utopia, processo que pode ser realizado por meio da "deriva", um passeio fora da "gaiola de aço", ou seja, uma fuga do mundo real, excludente e autoritário, que não reconhece as necessidades humanas para existir (LÖWY, 2002). Nesse sentido, os espaços de mediação são, assim como os Terreiros de Candomblé, ambientes de saber em movimento e em profusão que são reinventados cotidianamente, pois são locais dinâmicos, inventivos, dialógicos e portadores de *motrizes culturais* (LIGIÉRO, 2011) que os fazem manter a tradição por meio do acolhimento da transformação.

REFERÊNCIAS

BASTIDE, Roger. **As religiões africanas no Brasil**: contribuição a uma sociologia das interpenetrações de civilizações. São Paulo: EDUSP, Pioneira Editora, 1971.

BORDELOIS, Ivonne. **A palavra ameaçada**. Rio de Janeiro: Vieira & Lent, 2003.

CONCEIÇÃO, Lúcio André da. **A pedagogia do candomblé**: aprendizagens, ritos e conflitos. 2006. 128 f. Dissertação (Mestrado em Educação) – Programa de Pós-Graduação em Educação e Contemporaneidade, Departamento de Educação, Universidade do Estado da Bahia. Salvador, 2006.

FORTIN, Sylvie. Contribuições possíveis da etnografia e da auto-etnografia para a pesquisa na prática artística. **Revista Cena**, UFRGS, Porto Alegre, n. 7, p. 85-95, fev. 2009.

LARROSA Jorge. Notas sobre a experiência e o saber de experiência. Revista Brasileira de Educação, n.19, p. 20-28, 2002.

LIGIÉRO, Zeca. O conceito de "motrizes culturais" aplicado às práticas performativas afro-brasileiras. **Revista Brasileira de Ciências e Sociologia**. v.8, n.16, jul./dez. 2011.

LÖWY, Michael. **A estrela da manhã**: surrealismo e marxismo. São Paulo: Boitempo, 2002.

MACHADO, Vanda. **Irê Ayó**: uma epistemologia afro-brasileira. Salvador: EDUFBA, 2019.

OYÊWUMI, Oyèrónkẹ́. **La invención de las mujeres**: una perspectiva africana sobre los discursos occidentales del género. Bogotá: Editora en la frontera, 2017.

SANTOS, Silvio Matheus Alves. O método da autoetnografia na pesquisa sociológica: atores, perspectivas e desafios. **PLURAL**, Revista do Programa de Pós-Graduação em Sociologia da USP, São Paulo, v. 24, n. 1, p. 214-241, 2017.

SODRÉ, Jaime. EXU - A forma e a função. **Revista VeraCidade**, Secretaria Municipal de Desenvolvimento Urbano, Habitação e Meio Ambiente – SEDHAM da Prefeitura de Salvador (BA), Ano IV, n. 5, out. 2009.

- Capítulo 9 -

"Eu preciso destas palavras": Bispo do Rosário e a narração bordada como suporte para memória

Luma Almeida

Aquele que já se deparou com uma obra de Arthur Bispo do Rosário, principalmente de seus bordados, se viu em frente a grandes objetos com uma profusão de imagens e textos que se unem para a narração da História, do objetivo maior do artista: a catalogação deste mundo a partir de sua perspectiva pessoal e para apresentação no dia do Juízo Final.

Bispo nasceu alguns anos após a abolição legal da escravidão no Brasil, filho de escravizados, e viveu a vida como um trabalhador comum do Exército, de empresas privadas e mesmo como "faz tudo" em casas familiares, além de investir numa carreira no boxe. Em 1938 recebeu o diagnóstico de esquizofrênico-paranoico após uma revelação divina em que, através de anjos, teria sido consagrado "Jesus Filho". Em seus anos na Colônia Juliano Moreira, um complexo hospitalar psiquiátrico no interior do Rio de Janeiro, Bispo reservou-se à missão de recriação do mundo para apresentá-lo a Deus no dia do julgamento.

A figura de Bispo se apresenta como narrador através de

suportes têxteis, e outros mais, a partir de uma perspectiva da "loucura", mas também do desejo de memória. Principalmente através de grandes bordados de estandartes e bandeiras feitos com linhas desfiadas do uniforme azul dos internos, Bispo passou a representar o mundo dos homens numa espécie de catalogação dessa história a fim de recontá-la ao deus cristão, seu criador e senhor de sua missão. Sua obra principal é uma indumentária titulada *Manto de Apresentação*, uma espécie de cartografia da memória através da qual Bispo buscava representar-se a uma divindade e cumprir sua missão, que é, antes de tudo, a salvação da humanidade e a guarda de uma memória geral desta terra.

Ao narrar sua própria história, em recontos táteis e artesanais que atravessam suas experiências particulares, sua visão de um mundo e daqueles que o cercam, Bispo quebrava uma lógica histórica de apagamento da memória dos povos negros escravizados, pobres e neurodivergentes.

O *Manto de Apresentação* seria o nó final desse projeto: a indumentária foi costurada, tecida e bordada por Bispo durante a maior parte de sua vida para quando se apresentasse a Deus com suas representações em miniatura do universo. O Manto se apresenta no anverso e no verso. Do lado de fora, temos representações em bordado do mundo, objetos da vida cotidiana, tais como televisões, aviões, barcos, estradas de ferros, corações, dados, bem como algarismos arábicos e romanos e outras representações. Ao passo que do lado de dentro, costurados à mão em tecido branco, estão nomes de pessoas, majoritariamente de mulheres, as quais Bispo conheceu ou fabricou, e pelas quais ele intercederá a Deus.

Sua arte está marcada justamente pela negação de um ser artista. Sua obra final, o manto, é mais um item de sobrevivência, sua razão de ser, que propriamente uma obra artística como observamos no meio formal e acadêmico. O *Manto de Apresentação* representa essa crença, destinada àqueles que partilhavam de sua missão divina, como em suas próprias palavras: "[...] pra quem enxerga, pra quem não enxerga, não dá pé" (DENIZART, 1982).

A síntese final de seu Manto é esta: a apresentação de um mundo particular daquele que podia ver além, enxergar e trazer ao mundo, através de suas mãos e sua missão, aquilo que melhor representaria o mundo dos homens, através de uma peça colorida e festiva que, do lado de fora, nos apresenta um mundo complexo e que imprime suas projeções sobre nós e, do lado de dentro, carrega aqueles que nos formam, afetos e imaginação, pelos quais zelamos e intercederemos quando for a hora.

Na figura de narrador através dos têxteis, Bispo assume ainda um novo lugar, torna-se um catalogador da memória deste mundo através do suporte que lhe é interessante, tendo em vista obter meios de criar representações de um mundo complexo e extenso. Ele dedica a maior parte de sua vida adulta ao desenvolvimento de peças em bordado e em costura, mas também em esculturas e miniaturas. Unindo a escrita e a narração à agulha, aos tecidos e ao trabalho forjado por suas mãos.

Através do tecido e reconhecendo essa potencialidade, Ana Maria Machado (2003), narradora das letras, mergulha nos têxteis buscando as similaridades que estes mantêm com textos. Pois, além das referências linguísticas para dizer sobre textos e têxteis, como as palavras tramam, fio da meada, teia, urdidura, etc., ambos os suportes permitem a narração a seus executores, seja através do encadeamento de palavras em um texto ou na reprodução em texturas e profundidade de imagens cotidianas através do bordado e da tecelagem. Para a autora, a História está repleta de sujeitos reais, fictícios e mitológicos que mudaram suas histórias e teceram seus contos através da produção de tecidos, bordados e tapeçarias.

Considerando a história escrita através desses suportes, compreendemos que historicamente o suporte têxtil ocupou um lugar privilegiado para narração e registro de sujeitos que costumeiramente não estão considerados no formato tradicional de registro histórico. É então que, tomando ação sobre esse apagamento, Flávio Gomes, Jaime Lauriano, Lilia Schwarcz e tantos outros colaboradores lançaram no ano de 2021 um compêndio de biografias de sujeitos negros e negras da História brasileira, a Enciclopédia Negra, em que assumem justamente a atitude de questionar a produção do conhecimento que mantemos do passado, em nossos arquivos, museus e bibliotecas, de forma a reconstruir essas memórias invisíveis da História.

Bispo está incluído nesse livro e aparece na página 69 como artista sergipano interessado em inventariar o mundo através de seus bordados e tantos outros suportes. Mas, ainda que incluído na biblioteca através da Enciclopédia, de artigos e obras sobre sua vida e criação, Bispo não aparece em seus bordados, sua escrita. Enquanto narrador por boa parte de sua vida, na estrutura tradicional de biblioteca Bispo não narra, mas é narrado; enquanto catalogador deste mundo através de seus registros táteis, faltou-lhe a possibilidade de catalogar suas palavras e dar-lhes registro, identificação e recuperação.

Mas, afinal, como considerar bordados em um acervo de biblioteca? Como catalogar se no âmbito da Biblioteconomia nossos códigos privilegiam a informação escrita e registrada em livros e outras fontes bibliográficas? Bispo está contemplado no

Museu Bispo do Rosário de Arte Contemporânea, na Colônia Juliano Moreira, e em exposições além devido a sua relevância quase postumamente validada no circuito da arte brasileira.

Porém, compreendendo a potência narrativa do artista, como não pensar em tantos outros autores-artistas-bordadores, mas principalmente bordadeiras – no feminino – que usaram do têxtil como espaço para registrar suas histórias? Historicamente, o bordado é uma linguagem aviltada por sua característica feminina e de menor valor na hierarquia tradicional das artes, como denunciou Ana Paula Simioni em tantos textos, mas especialmente no artigo de 2010, em que apresenta a bordadura de duas Rosanas, a Paulino e a Palazyan.

As artistas fazem uso do suporte bordado para transgredir seus limites de feminilidade e propor novas considerações sobre esse trabalho, denunciando violências do espaço doméstico e social. Essencialmente narrando parte de suas vidas e das vidas de outros que as atravessaram, de forma a dar voz ao que agressivamente vai sendo calado.

Essa potência revela-se na obra dessas artistas, nas Arpilleras[15], na obra de Arthur Bispo do Rosário, mas também do grupo de mulheres de uma comunidade, em nossas mães e avós, que aprenderam o ofício por lazer, por pressão de uma sociedade machista ou para sobreviver. Bordando e costurando para fora, usando o bordado para além de uma forma de narração pessoal, mas de alteração de suas histórias através do trabalho sob encomenda.

O lugar que esse suporte ocupa, além do caráter de arte, aviltada e feminina, é um lugar de memória. Principalmente quando

---

[15] A Arpillera é uma técnica de bordado usada principalmente por mulheres durante a ditadura chilena, para denunciar violências e driblar a censura.

esse suporte é o único meio de expressão e outros são negados a populações historicamente oprimidas, como negros, mulheres e sujeitos pobres e neurodivergentes.

Portanto, compreendendo a potência narrativa dos suportes têxteis e de seus criadores, questionamos: quais os meios que a Biblioteconomia e a Ciência da Informação podem articular para a organização e representação desses suportes de memória e a conservação dessas narrativas particulares, considerando suas importâncias para o conto de uma história continuamente apagada? Uma vez que entendemos que bibliotecas, museus e arquivos são as instâncias de validação da História que conhecemos, podemos indagar especificamente acerca do apoio teórico e prático para inserção de tais suportes como fontes legítimas de informação em bibliotecas.

Diferentes possibilidades indicam caminhos para que essa memória exista enquanto registro em uma biblioteca por exemplo. No âmbito da representação descritiva, o bordado pode não ser adequado em um registro construído a partir dos códigos tradicionais da área, como o Código de Catalogação Anglo-Americano, 2ª edição, popularmente conhecido como AACR2, mas aparece como possibilidade em manuais menos rígidos e mais abertos à diversidade de suportes, como o Cataloguing Cultural Objects, o CCO, lançado pela Visual Resources Association.

Retomando o movimento de Flávio Gomes, Jaime Lauriano e Lilia Schwarcz (2021), que busca interrogar os registros da História e os processos que a validam de forma a identificar novos caminhos de valorização de outras perspectivas do processo histórico, podemos expandir as possibilidades de atuação de nossos acervos e bibliotecas se entendermos que a narração está incluída não só em materiais bibliográficos, mas em tantos outros suportes, como neste caso, o bordado.

Os caminhos ainda não estão evidentes, mas a semente já pode ser percebida, basta a nós o interesse de construir esses referenciais e aliar a tecnologia, tantas vezes algoz de nosso século, em novas formas de construir nossos registros em instituições de memória que reconheçam essas escritas.

Em uma outra obra bastante famosa, Bispo do Rosário escreve-borda: "Eu preciso destas palavras, escritas", como afirmação de seu desejo de memória e necessidade pessoal de expressão. A Arthur Bispo do Rosário respondemos que nós também precisamos de suas palavras, Bispo; das tuas e de tantos mais que furaram o tecido como forma de narrar suas histórias, de gravar suas palavras e eternizá-las.

REFERÊNCIAS

DENIZART, Hugo. **O prisioneiro da passagem**. 1982. Youtube. Disponível em: https://www.youtube.com/watch?v=8MzFTaOvsCQ. Acesso em: 30 nov. 20.

GOMES, Flávio dos Santos; LAURIANO, Jaime; SCHWARCZ, Lilia Moritz. **Enciclopédia negra**. São Paulo: Companhia das Letras, 2021. 720 p.

MACHADO, A. M. O Tao da teia: sobre textos e têxteis. **Estudos Avançados**, [S. l.], v. 17, n. 49, p. 173-196, 2003.

SIMIONI, Ana Paula Cavalcanti. Bordado e transgressão: questões de gênero na arte de Rosana Paulino e Rosana Palazyan. **Revista Proa**, Campinas, v. 01, n. 02, p. 1-20, jan. 2010.

- Capítulo 10 -

Como nossas bibliotecas podem trabalhar em prol da sustentabilidade informacional?

Genilson Geraldo
Marli Dias de Souza Pinto

Nos últimos anos, a ideia de que os recursos naturais eram ilimitados foi modificada e reestruturada. Atualmente, vivenciamos reflexos da degradação e do uso abusivo dos nossos recursos naturais no passado, tais como: mudanças climáticas, meios de industrialização sem critérios, desmatamento desenfreado, rápido aumento da população e desigualdades sociais, entre outras questões socioeconômicas ambientais.

Esse cenário precisa urgentemente ser discutido e modificado, sendo prioritário alcançar o desejado "Desenvolvimento Sustentável". Como podemos proceder para que ações realizadas no passado não sejam repetidas? Como poderemos garantir que as gerações futuras possam ter uma vida próspera e sustentável? De que forma o acesso à informação pode beneficiar a sustentabilidade socioeconômica ambiental do planeta?

Após sucessivas ações da ONU ao longo dos últimos 50 anos (Primeira Década do Desenvolvimento das Nações Unidas/1960-1970, Estocolmo 72, Comissão de Brundtland, Rio-

92, Agenda 21, Objetivos de Desenvolvimento do Milênio, Rio+20, entre outras), em setembro de 2015, na sede das Nações Unidas, em Nova Iorque, Estados Unidos, foi apresentada uma nova agenda global, composta de 17 Objetivos de Desenvolvimento Sustentável, cujo avanço é monitorado por 231 indicadores globais.

No cenário científico brasileiro destaca-se pioneiramente a pesquisadora Sarita Albagli (1995), que em seus estudos vinha discutindo como o papel da informação e particularmente da "informação ambiental", no contexto do modelo de desenvolvimento sustentável, se apresentava como alternativa para a crise socioeconômica-ambiental em nível global.

Sendo assim, na área da Biblioteconomia e da Ciência da Informação, estudos e práticas sustentáveis da informação foram intensificados por meio de ações dos movimentos associativos, apoiando o lançamento e promoção dessa nova proposta de objetivos globais.

Entre esses 17 objetivos, é válido destacar o objetivo de número 16: "Promover sociedades pacíficas e inclusivas para o desenvolvimento sustentável, proporcionar o acesso à justiça para todos e construir instituições eficazes, responsáveis e inclusivas em todos os níveis" e, mais especificamente, a meta 16.10: "Assegurar o acesso público à informação e proteger as liberdades fundamentais, em conformidade com a legislação nacional e os acordos internacionais".

No objetivo supracitado, destaca-se a importância do acesso seguro e da usabilidade eficiente da informação. Todavia, ressaltamos que a importância dessa inclusão se deve ao trabalho desenvolvido pela International Federation of Libraries Association and Institutions (IFLA), ao promover e criar em Lyon (França), em

2014, a Declaração de Princípios de Lyon do acesso à Informação e ao Desenvolvimento.

Com relação ao ODS 16, além do destaque da informação para o desenvolvimento sustentável em sua meta 16.10, é importante demonstrar como que é mensurado o alcance dessa meta pelo indicador de sustentabilidade de número 93 dos ODS, que tem como base a existência e a implementação de uma lei nacional e/ou garantias constitucionais do direito à informação.

Atualmente, temos no Brasil a Lei nº 12.527, conhecida como Lei de Acesso à Informação (LAI). A lei visa contribuir para o exercício efetivo do direito à informação, atuando no fomento ao controle social e no desenvolvimento de uma cultura de interesse no acesso à informação.

Entretanto, de acordo com alguns pesquisadores, a LAI contribui para a concretização do direito de acesso à informação, fortalecendo o controle social e reduzindo os riscos da chamada "assimetria de informações", percebendo mudanças no interesse e na cultura da sociedade. Todavia, devem ser reforçadas as ações de divulgação e publicidade dessa lei, garantindo que a cultura da informação seja disseminada e assimilada pela população.

No tocante, é relevante destacar as instituições brasileiras que salvaguardam, organizam e disponibilizam o acesso à informação, tal como as bibliotecas e arquivos, que podem e devem ser entidades que facilitam e propiciam o acesso seguro e confiável da informação de forma igualitária a todos os cidadãos e cidadãs brasileiros.

Cabe, então, salientar a Federação Brasileira de Associações de Bibliotecários, Cientistas da Informação e Instituições (FEBAB), que, de acordo com seu Estatuto, especificamente no Art. 2º, Inciso VII, visa incentivar o desenvolvimento e apoio a direitos sobre o acesso à informação em todas as instituições que fazem parte da federação nacional.

Diante de todos esses pontos históricos e conceituais da informação inter-relacionada ao Desenvolvimento Sustentável, discutimos e defendemos neste capítulo a inserção do termo "Sustentabilidade Informacional" na área da Ciência da Informação e da Biblioteconomia e/ou até mesmo na Arquivologia e Museologia.

O termo Sustentabilidade Informacional refere-se a recursos informacionais que facilitam a integração, conscientização e participação de objetivos globais de proteção social, ambiental e econômica, contribuindo para o fortalecimento do processo de transformação da sociedade. Isso de acordo com as dimensões do desenvolvimento sustentável.

A Sustentabilidade Informacional pode ser tanto uma linha de pesquisa da área da Ciência da Informação como também uma ferramenta prática socioeconômica, ambiental e informacional para a área da Biblioteconomia, que possui duas principais missões. A primeira é chamada "desenvolvimento de informações sustentáveis", com o intuito de conectar a tecnologia ao desenvolvimento sustentável, tendo como objetivo principal tornar a produção e o uso das tecnologias da informação em consonância com os objetivos de desenvolvimento sustentável. A segunda missão é chamada de "informação para o desenvolvimento sustentável" e visa apoiar os aspectos comunicativos de integração, conscientização e participação da sociedade em consonância com as ambições de agendas globais, regionais e locais.

A dimensão social busca o bem-estar das pessoas e direitos e oportunidades igualitários; a econômica se volta não apenas ao lucro e ao desenvolvimento, mas o que resulta para a prosperidade de todos cidadãos e cidadãs; e a ambiental é destinada à proteção da biodiversidade.

A Sustentabilidade Informacional nada mais é que utilizar a informação para o desenvolvimento sustentável no contexto atual, na preservação dos recursos naturais e das vidas humanas e na diminuição das desigualdades sociais, buscando garantir qualidade para as gerações futuras. Porém, de que forma? Quais ações realizar no âmbito científico e prático?

Pensar e projetar ações em prol da Sustentabilidade Informacional vão além de garantir o acesso democrático, seguro e confiável da informação. Existe uma infinidade de pesquisas, estudos educacionais, formação profissional, especializações e ações práticas que podem ser desenvolvidas.

No âmbito científico, acreditamos que há possibilidades de desenvolver pesquisas na dimensão social, econômica e ambiental do Desenvolvimento Sustentável. Podem ser realizados estudos epistemológicos, de caso, métricos, teóricos e práticos sobre a biodiversidade, agricultura, desigualdades sociais, direitos, educação, saúde, gêneros, diversidade, acesso à informação, leitura, oportunidades igualitárias de trabalho, combate à desinformação, legitimidade e confiabilidade de dados e informações de políticas públicas, entre outros. Além disso, os estudos podem abordar as tecnologias sustentáveis de informação.

É válido ressaltar que muitas pesquisas científicas, ao longo da história do desenvolvimento de políticas públicas, subsidiaram e nortearam várias legislações em benefício social da sociedade. Outrossim, torna-se importante vincular as pesquisas desenvolvidas nessas temáticas do Desenvolvimento Sustentável a objetivos globais, apresentando um alinhamento com as ações e compromissos dos movimentos associativos da profissão.

No contexto prático, é possível desenvolver ações em bibliotecas e outras instituições de acesso à informação que disponibilizam a integração e conscientização de interesses coletivos sociais, econômicos e ambientais, tais como: promoção de palestras, com discussões sobre a Agenda 2030, Objetivos de Desenvolvimento Sustentável, sustentabilidade etc.; capacitações; planos de desenvolvimento de coleções específicos à temática; marketing verde; educação ambiental; educação econômica e de direitos humanos; além de utilizar os meios de comunicação digitais, como mídias sociais e websites (como o perfil @ sustentabilidadeinformacional[16], no Instagram).

As bibliotecas, indiferente da tipologia, podem fortalecer seu papel social ao assumir um compromisso em prol dessa sustentabilidade, pois são munidas de um espaço que contempla acervos com qualidade ou mesmo promovem a mediação informacional respaldada por informações verídicas. Mesmo que timidamente, já podemos encontrar projetos e ações que promovam o desenvolvimento econômico (como workshops para desenvolvimento de currículos), social (garantia de acesso à informação, acervos com mais diversidade) e cultural (preservando a produção intelectual de uma comunidade, promovendo atividades artísticas). Aqui mesmo neste livro podemos nos deparar com projetos que estão alinhados com essa perspectiva.

Essas ações visam, principalmente, assegurar o acesso seguro

---

16 Perfil da rede social Instagram com postagens diárias de ações, notícias, estudos, exemplos de atitudes e reportagens sobre sustentabilidade e desenvolvimento sustentável, com ênfase na Agenda 2030 e os ODS. (Fonte: https://www.instagram.com/sustentabilidadeinformacional/).

e confiável da informação, além de incentivar a participação da sociedade na representação democrática participativa. Tendo como objetivo estimular o interesse e o monitoramento de políticas públicas e legislações adequadas ao bem-estar socioeconômico ambiental coletivo.

Em relação à formação profissional, a abordagem da temática da sustentabilidade e desenvolvimento sustentável é trabalhada transversalmente em alguns cursos de graduação em Biblioteconomia e nos programas de pós-graduação em Ciência da Informação no Brasil. Entretanto, a temática da Sustentabilidade Informacional pode e deve ser incluída no currículo desses cursos, visto que a discussão do Desenvolvimento Sustentável está a cada dia mais inserida em nossa vida pessoal e profissional. Nessa perspectiva, um bom exemplo é o Programa de Pós-Graduação em Ciência da Informação da Universidade Federal de Santa Catarina, que oferece uma disciplina optativa intitulada "Sustentabilidade Informacional", idealizada em 2019 pela Profa. Dra. Marli Dias.

Por fim, reforça-se a importância das bibliotecas, bibliotecários, bibliotecárias e cientistas da informação integrarem suas ações científicas e práticas a objetivos globais, de modo que os movimentos associativos que representam os interesses da profissão se comprometam globalmente. Esses profissionais podem utilizar suas instituições, conhecimentos e pesquisas para promover, disponibilizar e disseminar informações em prol da Sustentabilidade e do Desenvolvimento Sustentável.

Por esse motivo, podemos afirmar que chegamos à "Era do Desenvolvimento Sustentável" e que o acesso seguro, confiável e a usabilidade eficiente da informação podem ser o caminho estratégico para a transformação de uma sociedade igualitária e sustentável. Ademais, pontua-se que a proposta e missões da Sustentabilidade Informacional podem auxiliar nesse caminho real e concreto do Desenvolvimento Sustentável.

REFERÊNCIAS

ALBAGLI, S. Informação e desenvolvimento sustentável: novas questões para o século XXI. **Ciência da Informação**, v. 24, n. 1, 1995.

BRASIL. Lei nº 12.527, de 11 de novembro de 2011. Regula o acesso a informações previsto no inciso XXXIII do art. 5º, no inciso II do § 3º do art. 37 e no § 2º do art. 216 da Constituição Federal; altera a Lei nº 8.112, de 11 de dezembro de 1990; revoga a Lei nº 11.111, de 5 de maio de 2005, e dispositivos da Lei nº 8.159, de 8 de janeiro de 1991; e dá outras providências. **Diário Oficial da União**, Brasília, 2011. Disponível em: http://www.planalto.gov.br/ccivil_03/_ato2011-2014/2011/lei/l12527.htm. Acesso em: 15 jul. 2020.

BRUNDTLAND, G. H. (org.) **Nosso futuro comum**. Rio de Janeiro: FGV, 1987.

FEDERAÇÃO BRASILEIRA DE ASSOCIAÇÕES DE BIBLIOTECÁRIOS, CIENTISTA DA INFORMAÇÃO E INSTITUIÇÕES (FEBAB). **Estatuto**. São Paulo: FEBAB, 2015. Disponível em: http://www.febab.org.br/febab201603/wp-content/uploads/2015/06/Estatuto_FEBAB_2015.pdf. Acesso em: 28 jul. 2020.

INTERNATIONAL FEDERATION OF LIBRARIES ASSOCIATIONS AND INSTITUTIONS (IFLA). **Declaração de Lyon sobre o Acesso à Informação e Desenvolvimento**. 2014. Disponível em: https://www.lyondeclaration.org/content/pages/lyon-declaration-pt.pdf. Acesso em: 24 jul. 2020.

NAÇÕES UNIDAS BRASIL (ONUBR). 2020. Disponível em: https://nacoesunidas.org/. Acesso em: 25 jul. 2020.

NOLIN, J. Sustainable information and information science. **Information Research**, Borás, Suécia, v. 2, n. 15, p. 431-447, jan. 2010.

ORGANIZAÇÃO DAS NAÇÕES UNIDAS (ONU). Declaração do Milênio. **Cimeira do Milênio**, Nova Iorque, 6-8 set. 2000. Disponível em: https://www.br.undp.org/content/brazil/pt/home/library/ods/declaracao-do-milenio.html. Acesso em: 26 jul. 2020.

_______. **Transformando nosso mundo**: a Agenda 2030 para o Desenvolvimento Sustentável. Objetivos de Desenvolvimento Sustentável, 2015. Disponível em: https://nacoesunidas.org/wp-content/uploads/2015/10/agenda2030-pt-br.pdf. Acesso em: 26 jul. 2020.

PROGRAMA DE PÓS-GRADUAÇÃO EM CIÊNCIA DA INFORMAÇÃO DA UNIVERSIDADE FEDERAL DE SANTA CATARINA (PGCIN-UFSC). **Disciplina PCI510010 Sustentabilidade informacional**. Disciplinas Eletivas, 2020. Disponível em: <https://pgcin.ufsc.br/organizacao-curricular/a-partir-de-2018/>. Acesso em: 26 jul. 2020.

- Capítulo 11 -

As lutas de uma biblioteca pública do interior de Minas Gerais: desafios e esperanças

Sandra Helena do Carmo Rodrigues

A biblioteca pública do município de Minduri, no sul de Minas Gerais, nasceu de vários pais. Na década de 70, por iniciativa de beneméritos e honorários, criou-se a primeira biblioteca pública do município. Essas pessoas reuniram-se e fizeram doações para aquisição dos primeiros livros que constituíram o acervo. Seus nomes ficaram gravados nas páginas de rosto das obras, muitas das quais desapareceram. Ainda, restam poucos exemplares de uma incompleta coleção de Alexandre Dumas da Editora Lello & Irmão.

Esses pais da biblioteca traduziam a diversidade da iniciativa: eram ferroviários, professores, comerciantes, lavradores, proprietários de terra e donas de casa. O mediador da ação foi um gestor que não se preocupou em lançar a ideia nas bandeiras de frente de sua gestão, pois, segundo ele, a ideia surgiu a partir de seu gosto pessoal pela leitura.

Ela foi criada sem nome específico, sem lei de criação, sem a mesma pompa e circunstância com que obras de infraestrutura são geralmente inauguradas. Mas, a partir dessa iniciativa, passou a abrigar grande número de pessoas que viam nela mais do que lugar de referência e busca de conhecimentos, sendo um ponto de encontro e compartilhamento de leituras e vivências. Nasceu com a função de ser o elemento que viria a quebrar o paradigma de uma prática antiga, limitante, autoritária e distante da comunidade: a biblioteca como templo sagrado do saber, disponível apenas para uns poucos privilegiados, e os livros como objetos decorativos.

São inúmeras as pessoas que guardam fotografias de recordação escolar sentadas em uma carteira, tendo atrás a bandeira do Brasil e estantes com livros compondo um pano de fundo ou ocupando um plano de frente, às vezes com um telefone para formar a ideia de avanço: ordem e progresso. Os livros como cenário e não como parte integrante do ato de ler. Com base nessas premissas, pode-se perceber que foi a partir da iniciativa da própria comunidade que a biblioteca no município passou a ser pensada como espaço de convivência, de troca de saberes, lugar de leituras e produção de conhecimento.

Mesmo com o sucesso da campanha inicial, os desafios eram muitos. Fazia-se necessário pensar no aperfeiçoamento cognitivo dos profissionais que atuavam na biblioteca e também pensá-la como espaço democrático comprometido com a formação de cidadãos ao mesmo tempo que fosse agradável e prazeroso. Porém, naquele momento, a sala disponibilizada para a biblioteca ficava na escola, e somente os alunos tinham acesso aos livros, enquanto professores ou auxiliares de secretaria atuavam como bibliotecários. E tal situação permaneceu da mesma forma por muitos anos.

Em 1997, uma lei municipal criou oficialmente a biblioteca pública. Dois anos depois, a partir de doações feitas pelos próprios moradores da comunidade, de um conjunto de bens de valor cultural e histórico e obras diversas, a biblioteca foi finalmente desvinculada da escola. Com o final da linha de passageiros da ferrovia, a antiga estação do município foi cedida para a prefeitura, que criou no local o Centro Cultural Manduri, onde foi instalada a biblioteca pública, finalmente inaugurada em 2002, acrescida, felizmente, de uma expressiva doação do programa Uma biblioteca em cada município, do Sistema Nacional de Bibliotecas Públicas.

Desde esse momento, a biblioteca, por sua estrutura de criação, tornou-se a guardiã de um patrimônio que apresentava as principais características científicas, os aspectos sociais, econômicos e culturais tanto do município e região quanto do Brasil, que abrigava os registros de expressão intelectual humana, incentivava a leitura e apresentava, pela primeira vez, a importância da preservação do patrimônio material e imaterial da localidade. O espaço passou a alimentar e se alimentar das narrativas locais. Foi a partir da biblioteca pública que esse acervo fortuitamente concebido criou as condições para que ela pudesse nutrir culturalmente a sociedade. Fazia-se necessário, entretanto, sua dinamização para que este pudesse ultrapassar as quatro paredes da biblioteca e habitar também dentro das pessoas que com ele interagiam.

As obras custodiadas representavam em sua totalidade histórias e memórias, comportamentos, habilidades que demonstravam a identidade particular ou coletiva dos moradores. Nelas se podia vislumbrar a herança cultural desses indivíduos na forma de costumes, práticas, tradições, canções, enfim, na forma de uma produção artística e cultural intensa desde o início do povoamento da localidade.

Por meio da compreensão de sua incipiente natureza custodial, a biblioteca foi guardando memórias sociais através de livros, cartas, documentos, fotografias, partituras, filmes, quadros, esculturas, desenhos e trabalhos manuais. Tratava-se de um acervo vivo e dinâmico, que era capaz de produzir outras histórias e memórias. Porém, era preciso repassar, discutir, resgatar e dar continuidade a esse processo dinâmico que nascia, e percebia-se que o caminho seriam ações voltadas para os cidadãos, para que estes pudessem absorver seu patrimônio, apropriando-se do que já era deles. Para isso, trabalhou (e ainda o faz) arduamente contra a ideologia do descartável, buscando a aderência e a permanência das pessoas nas propostas de incentivo à leitura e preservação do patrimônio cultural. Ela foi um elemento fomentador de diálogos, registros, trocas de experiências, relatos e práticas leitoras. Ações que propiciavam, em maior ou menor intensidade, a preservação, organização e democratização do acervo custodiado.

A mediação foi um fator importante para a biblioteca dentro da comunidade. Por meio da interação com os moradores e estimulação de suas subjetividades, ela pôde mostrar seu potencial. Adotando ações não convencionais ao longo dos anos, criou propostas de contação de histórias, promoção de peças teatrais, diversas atividades de incentivo à escrita e a leitura por meio de saraus, lançamento de livros, concursos de redação em prosa e poesia, festivais de música, aulas de artesanato e coleta de relatos orais, principalmente entre moradores mais velhos, os griôs da comunidade. Cumpre registrar que, se um livro fosse escrito com sua história, este teria como autores cada minduriense que com a biblioteca interagiu ao longo de sua trajetória, muitos dos quais já não se encontram mais nesta vida.

Em 2009, a biblioteca foi contemplada com recursos do Fundo Estadual de Cultura – FEC/MG e pôde, pela primeira vez, ter computadores e mobiliário novos. A contação de histórias saía do tapete surrado e ia para cadeiras e pufes novos. Em 2010, com apoio da secretaria do audiovisual do extinto Ministério da Cultura, pôde contar com um espaço para exibição de filmes, que antes eram exibidos ao ar livre, em praça pública. Ao longo dos anos, recebeu inúmeras doações da comunidade, obras do Ministério da Cultura, da Fundação Biblioteca Nacional e de muitas entidades brasileiras que se dispunham a auxiliar bibliotecas brasileiras. E as atividades se sucederam.

Foram promovidas exposições temáticas, atividades de educação para o patrimônio cultural, ações de incentivo à manutenção da antiga banda de música local, encontros, palestras, pesquisas, formação continuada, capacitações, apresentações artísticas e ricas parcerias com amigos, entidades municipais, estaduais e federais. Assim caminhando, ora com o apoio dos moradores, ora participando de editais de incentivo e fomento à cultura, a Biblioteca Pública Ary Furtado reiterou diversas iniciativas ao longo dos anos.

A multidimensionalidade das propostas lançadas visava estabelecer as práticas culturais como instrumentos de transformação e desconstruir conceitos cristalizados histórica e culturalmente de uma cultura elitizada e de pouca acessibilidade. Para, desta forma, buscar reconstruir os múltiplos significados da biblioteca, garantir os direitos culturais, tal como preconizados na Declaração Universal dos Direitos Humanos, e expor as potências da biblioteca pública.

Afirmar esses entendimentos como comprovação do êxito absoluto da proposta nascida no início dos anos 70 não reflete a realidade. O caminho foi longo e penoso (e continua a ser). Em muitos momentos, e pode-se dizer até na atualidade, a biblioteca Ary Furtado realizou e realiza a maioria das ações com recursos extremamente escassos: *tirando leite de pedra* e sempre *na tábua da beirada*, como bem expressam os provérbios populares, expressões que levam à reflexão de que o livro, a leitura, as práticas culturais, os museus, arquivos e a biblioteca pública precisam começar a ser inseridos no orçamento dos municípios, sob pena de ter comprometida sua sustentabilidade.

Pelo conceito de transversalidade das políticas públicas, todos os setores precisam ser fortalecidos, não somente saúde e educação, que têm seus recursos vinculados, mas também a cultura, pensada como direito constitucional dos cidadãos. Muitas bibliotecas mineiras, por exemplo, funcionam como setor municipal responsável pelas políticas de preservação do patrimônio cultural, o que em Minas Gerais, de acordo com a Lei 18.030, conhecida como Lei Robin Hood, gera recursos expressivos, principalmente para os pequenos municípios. Mas são poucos os que repassam integralmente tal recurso à biblioteca pública, seja para se investir em preservação de patrimônio histórico ou em outras atividades culturais.

Os entendimentos sobre cultura ainda se encontram muito distantes das práticas de gestão dos pequenos municípios. É preciso compreender que cultura não é só produção de obras e produtos, mas são valores construídos pela comunidade. Ela não está distante do indivíduo, emana e faz parte dele. Não é o teto para o qual se olha sem conseguir alcançar, mas, sim, o chão que se pisa, onde se cria raízes que irão nutrir a personalidade. É construída por meio de questionamentos respeitosos quanto às diferenças e subjetividades, com igualdade de acesso à informação e à leitura, com implementação de uma verdadeira democracia cultural para todos os cidadãos.

Percorrendo esse longo trajeto de busca por mais compreensão, entendimento e conscientização das pessoas e gestores sobre o valor da cultura e das práticas culturais perenes na comunidade, a biblioteca percebeu que ainda havia muito chão pela frente. O município era pequeno, com pouca estrutura e distante das capitais. A compreensão era de que, se os moradores não soubessem o que ela estava fazendo, não haveria chance de crescimento. Era preciso garantir mais visibilidade.

Foi então que se idealizou um programa de radiodifusão, com a utilização de um espaço gratuito oferecido pela rádio comunitária local Perdizes FM 87,9. Uma rádio comunitária tem alcance limitado, mas, sendo o município de pequeno porte, o alcance seria bastante abrangente. Assim foi criado pela primeira vez o programa da biblioteca na rádio.

A publicidade alcançada pelas vias da radiodifusão foi um momento marcante, que conferiu mais força aos trabalhos desenvolvidos pela biblioteca pública. Veiculando suas atividades pela rádio local, ela vivenciou momentos de intensa criatividade, mas também pôde, pela primeira vez, mensurar as fraquezas em sua estrutura. A própria rádio comunitária vivenciava inúmeras dificuldades devido a equipamentos obsoletos, pendências jurídicas, orçamentárias e outras mais. Em muitos momentos, a parceria precisou construir propostas sem ao menos entender o que fazer e para que lado ir, enfrentando desafios imensos para manter o contato com a comunidade, atrair mais usuários e garantir mais perceptibilidade para a biblioteca dentro do município.

Foi preciso organizar propostas de programas com atenção diferenciada para cada segmento da sociedade: idosos, crianças, jovens e adultos. A criação e divulgação de conteúdos em muitos momentos sobrecarregava o projeto, pois era necessário buscar conhecimento e fontes novas, tanto para não incorrer em erro quanto para não ofertar apenas "mais do mesmo". Era necessário oferecer novidades, testar saídas, caminhos e até utilizar "gambiarras" tecnológicas para sanar as pendências da rádio, pois estas, principalmente, representavam sérios obstáculos ao projeto.

O caminho era o "aprender andando" e, ao mesmo tempo, pesquisando, buscando matérias atraentes para que o programa tivesse condições de criar, remotamente, um ambiente afetivo de incentivo à leitura, de mediação cultural para a comunidade, acolhendo as pessoas, estimulando práticas, valorizando ações e ofertando conhecimento, notícias e informações relevantes. A radiodifusão era o mote para que se alcançasse mais leitores e leitoras. A divulgação e o compartilhamento de narrativas tradicionais, relatos orais e sobre as ações da biblioteca garantiam uma dinâmica que incentivava e, ao mesmo tempo, precisava antecipar as expectativas da comunidade.

Cumpre observar que o espaço de radiodifusão ajudou a clarificar e estruturar as necessidades da biblioteca e dos demais equipamentos culturais, uma vez que o público passou a apontar e sinalizar essas necessidades, interagindo nas pautas propostas. O espaço ajudou também a levar preciosos conhecimentos acerca da cultura local no domicílio de cada morador, auxiliou na criação e adoção de estratégias e alternativas que fizessem a proposta caminhar e incentivou o acesso físico à biblioteca.

Os primeiros programas foram realizados em 2001, abordando as heranças coletivas dentro da cultura e da memória do povo, apresentando-os como fatores de coesão e identidade. Falou-se de leitura e de libertação pela leitura; sobre patrimônio e a importância de conhecer e reconhecer, registrar, resgatar e preservar a história e cultura da comunidade; sobre pessoas enquanto elementos culturais vivos; sobre o pertencimento a um lugar, a um povo, a uma região, a um país.

Ao longo de 12 anos, de 2001 a 2013, os mais de 500 programas realizados vivenciaram várias fases evolutivas, demonstrando a longevidade da proposta: entre os roteiros arquivados encontram-se textos manuscritos, datilografados, mimeografados e impressos em impressora matricial. Técnicas antigas, hoje obsoletas e até desconhecidas por muitos jovens, mas que constituíam os instrumentos de execução da proposta naquele determinado momento.

Os textos ocuparam-se da divulgação das belezas naturais do município e da história das pessoas, lugares e edificações, ainda, fomentaram a preservação do legado cultural e artístico e a valorização da cultura local, mostrando artistas plásticos, músicos e compositores, talentos diversos da localidade. Propunham reflexões sobre a dimensão da cultura e sobre as tendências em se investir muito mais em shows do que nas bibliotecas e equipamentos culturais, chamando a atenção para esse procedimento muito comum nos pequenos municípios.

O processo de elaboração dos programas auxiliou no resgate e registro do folclore local por meio das muitas lendas, mitos, superstições e crendices contadas pela população. Registrou os modos de falar, expressões, apelidos, histórias, causos, contos etiológicos e provérbios. Resgatou a bibliografia existente sobre o município e região, incentivou a produção de conhecimento, escreveu e registrou histórias, relatos orais e "causos" locais, divulgou e promoveu o inventário histórico de bens culturais imateriais e materiais, de lugares e paisagens, e produziu biografias e mais conhecimento sobre o povoamento e a urbanização, as primeiras casas e habitantes, as atividades econômicas, as curiosidades e a história da constituição do município nos seus três períodos de expansão: cafeicultura, ferrovia e laticínios, iniciado por dinamarqueses no início do século XX. Falou-se de africanidade, um forte elemento presente nas famílias locais. O programa de radiodifusão da biblioteca apresentou semanalmente toda uma cultura fervilhante, presente em cada indivíduo da comunidade.

A interrupção do programa, de 2013 a 2019, foi um duro e travoso golpe para a biblioteca pública, que vivenciou, no período, uma espécie de ostracismo dentro das políticas públicas locais. Longe de abandonar o campo de batalha, a biblioteca encontrou no material já produzido as forças para superar os obstáculos, e foi nesse momento que ela mais mostrou sua força dentro da comunidade, pois foram os próprios moradores em suas diversas vozes que a ajudaram e a protegeram. A opinião e o apoio público a fizeram perseverar, resistir e sobreviver.

Na pandemia da COVID-19, em 2020, no plano Minas Consciente, implantado em Minas Gerais, as bibliotecas foram consideradas serviços não essenciais com alto risco de contágio e a biblioteca foi fechada. Precisando continuar a atuar na comunidade, a tradição do programa da biblioteca na rádio comunitária pôde ser retomada, juntando-se a isto a mudança dos ventos nas políticas públicas locais.

Para comemorar esse retorno é que foi redigido o presente texto, que procurou traçar, por meio dos roteiros existentes desde os primeiros programas manuscritos, a longa caminhada de muitos entraves da biblioteca. Marcada, porém, por muitas parcerias e construção coletiva de conhecimento, preciosos registros da comunidade, contribuições inestimáveis e presenças marcantes de diversas pessoas que fizeram, junto com ela, cada programa acontecer.

Em 2021, a Ary Furtado permanece em sua luta, sempre na esperança e na alegria de fazer. Neste ano, a deliberação Normativa nº 1 do Conselho Estadual do Patrimônio Cultural – CONEP reitera o papel das bibliotecas públicas como uma espécie de carros-chefes das culturas locais, afirmando, entre outras coisas, que os acervos organizados e preservados em bibliotecas e demais equipamentos culturais possibilitam a promoção e a difusão do patrimônio cultural e facultam aos cidadãos a garantia de seus direitos. Um reconhecimento do trabalho atuante não só desta biblioteca em particular, mas de muitas outras Brasil afora. São as lançadoras de sementes e que, ao mesmo tempo, adubam e irrigam os terrenos para que suas comunidades possam colher e compartilhar o conhecimento, o prazer da leitura e o sentido de pertencimento de um povo.

A história da biblioteca não termina aqui. Como outras unidades de informação, suas irmãs bibliotecas, ela continua na luta diária para renovar, inovar, aprender e permanecer. Continua em processo de adaptação aos novos tempos para aplicar na gestão da informação e do conhecimento as ferramentas tecnológicas disponíveis, assegurando seu desempenho, sua inserção na sociedade e a oferta de serviços de qualidade. Segue buscando parcerias, visibilidade e reconhecimento institucional junto à administração pública. A biblioteca de Minduri nasceu de vários pais e agora retoma esse legado explorando suas potencialidades mediante os desafios do futuro que já se encontram em sua porta.

- Capítulo 12 -

Ações de extensão, biblioteca e ampliação das possibilidades de práticas de leitura

Davina Marques
Nirlei Maria Oliveira

Eis o meu segredo:
todas as noites
me deito num livro
para em outra vida desaguar
Mia Couto (2016)

Do nosso contexto: nosso chão e entorno

O Câmpus Hortolândia do Instituto Federal de Educação, Ciência e Tecnologia de São Paulo (IFSP), onde trabalhamos, iniciou suas atividades educacionais em fevereiro de 2011, oferecendo um único curso de formação técnica. Hoje conta com seis cursos técnicos (três deles integrados ao ensino médio), três cursos de formação superior e uma especialização em nível de pós-graduação.

Com a missão de "Consolidar uma práxis educativa que contribua para a inserção social, a formação integradora e a produção do conhecimento", a presença dessa unidade de ensino permite à população do município e de seu entorno a ampliação das opções de qualificação profissional e formação técnica e tecnológica para as indústrias e serviços da região por meio de educação gratuita e de qualidade (IFSP, 2014b; 2014c).

A nossa biblioteca insere-se nesse projeto e tem como objetivo oferecer suporte informacional às atividades de ensino, pesquisa e extensão do câmpus. Inicialmente, ocupava uma sala de 68,50 m^2 e, atualmente, mudou para um espaço maior, com aproximadamente 112 m^2, com 11 computadores, acervo ampliado, sala de processamento técnico, balcão de atendimento e uma sala exclusiva para estudo individual e em grupo. O acervo, vale notar, encontra-se em formação e passou dos 730 títulos iniciais e acesso ao Portal da CAPES para um acervo aproximado de 1400 títulos e 3900 exemplares. Foi adquirida também uma plataforma de livros digitais com aproximadamente dez mil títulos para acesso virtual e uma plataforma Target GedWEb.

A biblioteca é de livre acesso e destina-se à comunidade acadêmica e ao público em geral, contando com dois bibliotecários e dois auxiliares de biblioteca (IFSP, 2014a). Os serviços prestados consideram os seguintes princípios:

a. deve promover aprendizagem contínua em ciência e tecnologia;
b. constitui-se como espaço de saberes, compartilhados e de integração do IFSP e da cidade de Hortolândia;
c. organiza-se como espaço de interatividade e de convergência de pessoas, saberes, tecnologias e culturas;
d. integra tecnologias para o acesso à informação em vários formatos e em múltiplos ambientes, físicos e virtuais;
e. coloca-se como espaço que estimule a criatividade, a experimentação e o aprendizado;

f. proporciona um local lúdico e prazeroso para a leitura, o estudo, a convivência, o lazer e o aprendizado;
g. faz-se como espaço de aprendizado e de orientação para a vida profissional e para o mundo do trabalho;
h. coloca-se como ponto de cultura e de ações culturais para a comunidade no entorno;
i. oferece espaço para pensar, aprender, criar e recriar;
j. prepara-se como espaço de acolhimento e de inclusão social em todos os sentidos (IFSP, 2014a).

Com esses pressupostos em mente e com a pretensão de ampliar as costumeiras ações de promoção de leitura da biblioteca, temos apostado na oferta de projetos de extensão como possibilidades de acesso ao livro e de promoção do ato de ler. Fortalecendo no IFSP o tripé ensino-pesquisa-extensão e, portanto, dentro de um espaço de formação singular, temos investido em práticas de formação e de subjetivação mais amplas do que aquelas oferecidas por escolas que não possuem essa tripla oportunidade.

Neste ensaio, enfocando ações de extensão do câmpus, tentamos responder à seguinte questão: O que pode um projeto de extensão em sua relação com a comunidade e a ampliação de possibilidades de práticas de leitura de uma biblioteca?

Dos percursos: das ações até os leitores em projetos de extensão

O que pode, então, ser um projeto de extensão em sua relação com a comunidade e a ampliação de possibilidades de práticas de leitura de uma biblioteca? Em sua constituição, os projetos de extensão são direcionados às comunidades interna e externa de suas instituições de ensino e, portanto, ultrapassam os limites do Câmpus Hortolândia. Assim, entendemos que respostas à questão que nos norteia podem ser: dá a ler e divulga a poesia; promove obras de domínio público de forma digital; proporciona a troca de leituras e a formação; propõe a leitura na relação com a escrita.

Destacamos como exemplo os projetos **Janelas para Poesia (nas versões I e II): estímulo à leitura e itinerância poética**. Na proposta, convidamos a ler poemas, selecioná-los e publicá-los no câmpus, nas escolas do nosso entorno e em outros câmpus do IFSP. Nossas estratégias incluíram sensibilização, leitura livre, escolha de textos e socialização desse material. Participantes do projeto faziam seleções livres de textos e digitavam esse material. Nós criávamos pôsteres com os poemas, gerávamos links para informações de autores e distribuíamos esses poemas pelas salas de aula, em espaços públicos e em exposições itinerantes de pôsteres. As "janelas" ofereceram ao projeto um sentido de abertura a novas práticas, "janelas" no currículo escolar, nos intervalos, em momentos de socialização, com leituras públicas, saraus e convites a autores.

Figura 10 Uma das versões de pôsteres do projeto Janelas para poesia

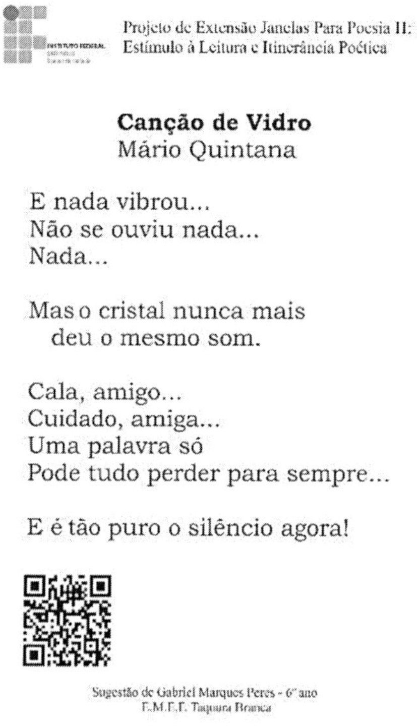

Fonte: Acervo pessoal.

Através de formulário próprio, pessoas da nossa comunidade puderam encaminhar suas escolhas de poemas, indicando nome completo, contato, sua relação com o IFSP; dados sobre o autor ou a autora; o poema completo, com dados sobre suas referências; e indicação de conteúdo para link através de QR Code. Os participantes podiam também enviar poemas de sua autoria. Além disso, havia espaço para sugestões de obras para o acervo da nossa biblioteca. Mais tarde o projeto se desdobrou em marcadores de livros que foram distribuídos em feiras culturais da cidade.

Figura 11 Marcadores de livros do projeto Janelas para poesia II

Fonte: Acervo pessoal.

É de nosso interesse utilizar a tecnologia em nossos projetos. Um deles, inclusive, recebeu o Prêmio de Pesquisa Emerald/CAPES Edição 2015, na Categoria Ciência da Informação. Trata-se do **QR Code e dispositivos móveis para o acesso à**

literatura e informações utilitárias. Nesse projeto de extensão buscamos envolver especificamente os moradores de bairros carentes de bibliotecas ou de salas de leitura, levando a proposta a usuários de transporte público, hospitais, postos de saúde, outras escolas, empresas, associações, sindicatos etc. Qualquer pessoa que utilizasse telefone celular que suportasse o uso do QR Code tinha acesso à literatura e às informações utilitárias do município. O código direcionava para um link de acesso a download de livros e audiolivros de domínio público. Levava também aos serviços da Biblioteca do IFSP com o objetivo de estimular e facilitar o acesso ao livro e ampliar o acesso à informação.

No câmpus, temos ainda o **Cantinho Leitura Livre: um espaço de incentivo à cultura**. Com o intuito de promover a leitura entre alunos, servidores e comunidade, esse projeto disponibiliza livros, revistas e jornais a qualquer pessoa interessada. O material fica disponível para leitura no local de livre escolha e nem é preciso devolvê-lo. Solicita-se apenas que sirva sempre de leitura e que circule. Aceitamos doações, fazemos a organização desse material em prateleiras e as pessoas podem acessar e ler livremente.

Oferecemos também o **Clube do Livro I e II: Estímulo à Leitura no IFSP, Câmpus Hortolândia, e na comunidade no entorno**. Nesse projeto, a ideia foi reunir pessoas para discutir textos de sua escolha, utilizando a biblioteca do câmpus como espaço de pesquisa, leitura e de lazer, atuando no estímulo à leitura e na construção de uma prática diferenciada de socialização do material lido. Dentro desse projeto tivemos encontros com autores, inclusive internacionais, para a promoção de outros encontros, com culturas de outros países. Tivemos convidados da Guiné-Bissau e do México.

Nossa Coordenadoria de Extensão, em parceria com a biblioteca, ofereceu o projeto **A literatura no vestibular**, voltado ao estudo das obras literárias que constam nas listas de leituras obrigatórias dos vestibulares organizados pela COMVEST e pela FUVEST. Nessa ação, houve análise com exercícios de interpretação nos moldes desses vestibulares, com rodas de conversa compartilhando as diversas leituras possíveis de obras selecionadas. Da mesma forma, o projeto **Hora Literária: conversas sobre livros e autores** ofereceu possibilidades para o desenvolvimento da formação de leitores e o estímulo à leitura junto aos alunos do ensino médio do município. O projeto estabeleceu um espaço para a leitura voluntária e para o compartilhamento mediado de estratégias de leitura, escrita e comunicação, utilizando-se de ações com criatividade, participação e o prazer da leitura por parte dos estudantes. Sempre aberto à comunidade externa.

Nossa biblioteca é muito atuante nas redes sociais e mantém contato com a comunidade, promovendo ações de leitura, livros e a participação de leitores e leitoras, como se vê no folheto **Biblioteca Afetiva do IFSP-HTO**.

Figura 12 Ação de promoção de leitura realizada pela Biblioteca do IFSP, Câmpus Hortolândia

Fonte: Acervo pessoal.

Tivemos ainda o **Palavras Temperadas: os sabores e as memórias gastronômicas na literatura**, que estimulou a leitura e a identificação da relação dos textos com a comida, nas diversas formas como são tratadas e apresentadas pelos autores, seja pelo requinte do paladar, pela forma de elaboração das receitas e degustação ou pela ausência da comida como tema de várias obras. Pretendeu-se também estimular o resgate, através da escrita, das memórias gastronômicas dos participantes e a elaboração de um cardápio literário.

Figura 13 Promoção do projeto Palavras temperadas

Fonte: Acervo pessoal.

Para incentivar a leitura na relação com a escrita e com outras artes, oferecemos alguns projetos distintos, como o **Batalha de Mangás no IFSP Câmpus Hortolândia** e o **Minicontos e Experimentações Escritas I e II**. O primeiro buscou estimular a criatividade, o prazer em desenhar e a participação em uma competição que valorizasse as habilidades dos estudantes para finalmente premiá-las. Já o **Minicontos e Experimentações Escritas** estimulou a leitura de textos e a criação escrita na forma de minicontos, bem como a publicação em formato digital.

Figura 14 Registros de oficinas de escrita de minicontos

Fonte: Acervo pessoal

Outro projeto de extensão com a parceria da biblioteca foi o **Memórias I e II: encontros com raízes africanas e indígenas**. Nesse caso, houve uma ação ligada ao Núcleo de Estudos Afro-brasileiros e Indígenas, o NEABI. Considerando que os projetos de extensão vinculados ao NEABI no Câmpus Hortolândia vêm resultando na participação de muita gente que traz suas histórias e depoimentos e levando em conta as heranças africanas e indígenas na nossa comunidade interna e externa, observamos que essas histórias nem sempre eram registradas e mereciam ser resgatadas. O projeto baseia-se na coleta e no compartilhamento de histórias de vida de membros da nossa comunidade interna e externa, com o intuito de mapear memórias afro-brasileiras e indígenas, através de registros fotográficos, imagéticos e escritos. Assim, promoveram-se ações em três campos de experimentação e pesquisa que, acreditamos, têm potência estética e ética singulares: a leitura (principalmente de textos de escritores brasileiros, portugueses e africanos de Língua Portuguesa), a produção de textos (especialmente poemas e minicontos, além de registros de memória) e o trabalho com imagens (fotografia e registros em vídeo). A leitura é sempre disparadora dessas nossas ações.

A seleção que trouxemos para este ensaio não cobre, obviamente, todos os projetos dos câmpus. Escolhemos aqueles que nos pareciam possíveis de compartilhamento, no sentido de dar a pensar sobre o que pode um projeto de extensão para ampliar as possibilidades de leitura, entre as ações de uma biblioteca e seu entorno.

Talvez seja importante, agora, apontar para os ingredientes necessários para que essas ações aconteçam e tenham relevância. É o que tentaremos abordar na próxima seção.

Das nossas parcerias na promoção da leitura

Os projetos de extensão (bem como os de pesquisa) nos Institutos Federais são ações que podem ser propostas por qualquer servidor ou servidora da unidade. O que acontece, no caso de Hortolândia, é que docentes, em especial da área de Letras, têm realizado parcerias com a bibliotecária para a proposição e a realização desses projetos.

Desde a escrita dos projetos, submetidos a editais internos e da instituição, até a coordenação muitas vezes compartilhada, as ações não acontecem sem a parceria de gente comprometida com o ato de ler e com a promoção da leitura em suas mais diversas formas. O resultado é que vamos contaminando as pessoas que buscam os projetos e, lentamente, ampliando o universo de leitores e leitoras em nosso entorno, com a participação dessas mesmas pessoas que buscam a leitura e tornam-se, elas também, parceiras nesse caminho de promoção da leitura. E isso tem consequências.

Porque afinal cada começo
é só continuação
e o livro dos eventos
está sempre aberto no meio
Wislawa Szymborska (2011)

Da humanização que se concretiza com a leitura

Parecia que chegaríamos ao final deste ensaio obviamente atravessadas por toda uma formação humanista e de forte tendência civilizatória sem fazer referência a qualquer autor ou autora. No entanto, considerando o momento em que nos encontramos, pensando nas diferenças gritantes existentes no nosso país, faz-se necessário lembrar que a leitura é, mais que prazer, um direito. Nesse sentido, não é possível deixar de lado um texto já clássico na área das letras: *O direito à literatura* (2011), do professor Antonio Candido[17].

[17] Sugerimos que vejam uma breve fala do próprio autor, disponível em https://www.youtube.com/watch?v=4cpNuVWQ44E. Acesso em: 20 maio. 2021.

Nesse artigo, entre muitas referências relevantes, Candido nos lembra que há uma insensibilidade disfarçada diante da miséria e sempre precisamos falar dos direitos humanos. Parece-nos óbvio, como ele nos alerta, que há direitos universais aos bens fundamentais como saúde, instrução, alimentação e moradia. Para além desses direitos, nem todos garantidos na nossa sociedade, o autor nos aponta para um outro direito fundamental, o direito à literatura. A literatura nos humaniza, nos faz viver, ele afirma.

Candido nos lembra que não passamos um dia sequer sem nos mergulharmos em alguma forma de narrativa e que as obras literárias têm a força da palavra organizada, com grande poder humanizador. Por humanização, diz Antonio Candido (2011, p. 182):

> [...] o processo que confirma no homem aqueles traços que reputamos essenciais, como o exercício da reflexão, a aquisição do saber, a boa disposição para com o próximo, o afinamento das emoções, a capacidade de penetrar nos problemas da vida, o senso da beleza, a percepção da complexidade do mundo e dos seres, o cultivo do humor. A literatura desenvolve em nós a quota de humanidade na medida em que nos torna mais compreensivos e abertos para a natureza, a sociedade, o semelhante.

Julgamos importante apontar, como ação das bibliotecas e sobretudo de uma biblioteca de uma instituição escolar, que estamos lutando por um direito de nossa comunidade interna e externa quando promovemos os atos de ler como algo que toda a gente tenha oportunidade e prazer de ter. Com essa perspectiva, seguiremos propondo e realizando projetos em parceria na nossa unidade.

Entendemos que contribuímos, assim, para a construção de uma sociedade justa. Mais uma vez com base em Antonio Candido (2011, p. 193), uma sociedade em que haja o respeito aos direitos humanos e a fruição da arte e da literatura em todas as modalidades e em todos os níveis como um direito inalienável.

REFERÊNCIAS

CANDIDO, Antonio. O direito à literatura. *In*: ________. **Vários escritos**. 5 ed. Rio de Janeiro: Ouro sobre Azul, 2011. p. 171-193.

COUTO, Mia. **Poemas escolhidos**. São Paulo: Cia das Letras, 2016.

INSTITUTO FEDERAL DE EDUCAÇÃO, CIÊNCIA E TECNOLOGIA DE SÃO PAULO. **Biblioteca**. Hortolândia, 2014a.

INSTITUTO FEDERAL DE EDUCAÇÃO, CIÊNCIA E TECNOLOGIA DE SÃO PAULO. **O Câmpus**. Hortolândia, 2014b.

INSTITUTO FEDERAL DE EDUCAÇÃO, CIÊNCIA E TECNOLOGIA DE SÃO PAULO. I**dentificação das necessidades para a construção da biblioteca comunitária do IFSP, Câmpus Hortolândia. Hortolândia**, 2014c.

SZYMBORSKA, Wislawa. **Poemas.** São Paulo: Cia das Letras, 2011.

- Capítulo 13 -

Breve história da primeira biblioteca de um clube de futebol brasileiro: há 77 anos em atividade

Ana Maria Froner Bicca

Ao buscar colaborar com a discussão sobre uma Biblioteconomia social e cidadã de forma propositiva, venho apresentar a Biblioteca Zeferino Brazil. Uma biblioteca privada e de utilidade pública em um clube de futebol brasileiro. Ao compor uma possível linha do tempo das bibliotecas em distintas realidades no país, atrás do surgimento de acervos voltados à comunidade e sem vínculos com instituições governamentais, educacionais ou núcleos profissionais, percebemos que a comunidade como agente existente e determinante no ser social vem sendo agraciada com esses espaços há poucos anos.

As bibliotecas comunitárias começaram a surgir a partir da necessidade que determinados grupos tinham para acessar saberes e, assim, tornarem-se visíveis e participativos socialmente. No entanto, em Porto Alegre, no Rio Grande do Sul, há uma história diferenciada para se contar.

O Sport Club Internacional, em sua natureza como agremiação associativa, distinguiu-se por sua essência popular desde a fundação em 1909, quando buscou agregar valores sociais em suas práticas desportivas. Afinal, as pessoas sempre foram a força motriz da integração desse clube. É possível, aliás, que a integração de toda manifestação sócio-desportiva tenha fundamentado sua estrutura organizacional, e isso é percebido ainda hoje quando se vê, dentro dessa estrutura, os três setores na organização do conhecimento humano que organizam, preservam e difundem a história patrimonial e esportiva da instituição: o arquivo, a biblioteca e o museu.

No ano de 1929, o então presidente do Sport Club Internacional, Ildo Meneghetti orientou o secretário do clube a desenvolver uma biblioteca. A orientação foi registrada em ata oficial da instituição quando da promulgação do novo estatuto do clube naquele ano. De lá até a década de 1940, a biblioteca foi um setor interno, servindo somente aos associados, funcionários e diretores. Contudo, em sua reorganização administrativa, ao findar 1940, o Sport Club Internacional implantou o Departamento de Cooperação e Propaganda (DCP), que representava, nas definições atuais, a Mídia, o Marketing e o Relacionamento Social do clube. E esse departamento possuía uma Divisão Cultural ligada a ações de relacionamento social e cujo alicerce era a Biblioteca Zeferino Brazil. Foi a partir de 1944 que, através do ilustre colorado Dr. Saul Totta, implementou o processo para ter a sua biblioteca de forma efetiva e com o objetivo de servir a toda população, saindo assim do círculo interno da instituição.

É necessário esse release histórico para que haja o entendimento da trajetória dessa biblioteca tanto na vida dessa instituição esportiva quanto da comunidade em que ela se insere. O mundo digladiava-se na Segunda Guerra Mundial. Nações se aliaram na luta contra o nazismo. Enquanto isso, no Brasil, no Rio Grande do Sul, em um clube de futebol, pessoas se uniam na busca de conceder acesso igualitário ao saber, ao conhecimento e à cultura. Uma ação que fortalecia o senso de cidadania em tempos de aspereza humana.

Relacionar contexto histórico-social com a efetivação de uma biblioteca em um clube de futebol é olhar com esperança para o surgimento de um mundo diferente e mais igualitário, onde cidadãos bem informados têm a oportunidade de contribuir em diferentes realidades sociais. Até hoje não se tem registro de um acervo de natureza privada e utilidade pública em clubes do futebol brasileiro.

A significância humana e tão logo social que traduz a essência do Clube do Povo, denominação outorgada ao Sport Club Internacional pelos próprios torcedores desde sua fundação, explicita como um acervo pode dar origem a uma fundação. Para além das quatro linhas do campo e dentro da realidade de um país que infelizmente não cumpre a própria legislação que outorga, um clube de futebol, a partir das "pessoas" que constroem sua grandeza, eleger um acervo como instrumento de acolhimento e integração social é um feito inédito. E eis que em 1976 a Biblioteca Zeferino Brazil, em conjunção com o Centro Feminino de Assistência Social do Internacional (CEFASI), deu origem à Fundação de Educação e Cultura do Sport Club Internacional (FECI).

No ano de 1977, a biblioteca deixou a área que ocupava junto ao Estádio Beira-Rio e passou a ocupar 223 metros quadrados no segundo andar do Ginásio de Esportes Gigantinho, onde permanece até hoje, com o administrativo da FECI.

O presente relato visa compartilhar as práticas desenvolvidas pelo setor da biblioteca em ações conjuntas com as ações sociais desenvolvidas pela Fundação de Educação e Cultura do Sport Club Internacional, assim como com os demais setores da instituição e parceiros/usuários externos.

A representação social da Biblioteca Zeferino Brazil origina-se, materialmente falando, na construção de seu acervo. A forma de aquisição deu-se e ainda se dá na maioria dos casos por doações oriundas da sociedade em geral. Nesse acervo, cada obra literalmente conta duas histórias. Uma história do autor; outra, do doador, que se torna, ele próprio, autor de um pedaço dessa história que tem uma riqueza própria e imensurável.

Afinal, a ideia de um clube de futebol ter uma biblioteca de utilidade pública, somada aos apelos nas mídias, na época (meados dos anos 70), em campanhas de empresas jornalísticas, parceiros da causa cultural sul-rio-grandense, despertou nas pessoas a possibilidade de pertencer a esse empreendimento. E até hoje se percebe a alegria dos doadores quando deixam suas contribuições, nos mais diversos suportes (livros, revistas, jornais, documentos, etc.), no intuito de auxiliar a compor o acervo e de fazer parte da construção dessa memória afetiva de compartilhamento cultural.

A biblioteca foi designada de utilidade pública em 1978, é membro do Sistema Estadual de Bibliotecas Públicas-RS desde 1991 e do Sistema Nacional de Bibliotecas Públicas desde 2010. Especificando seu acervo, possui obras das mais diversas áreas do conhecimento e conta em especial com uma coleção voltada à história desportiva, com ênfase, claro, à história do futebol e à do Sport Club Internacional.

Esse acervo tem servido de base para as pesquisas de diversos níveis de usuários, desde os educandos do ensino fundamental e médio até graduandos e pós-graduandos. Além de leitores apaixonados por uma boa literatura e especialistas da área do futebol e correlacionadas.

Como exemplo da utilização do acervo em pesquisas específicas, temos o caso do Grupo Melnick Even. A incorporadora e construtora, ao desenvolver um projeto em determinado bairro de Porto Alegre, fez uso da Coleção História do Sport Club Internacional para contextualizar seu trabalho, visto que a área que seria utilizada para a construção seria a do antigo Estádio dos Eucaliptos, a primeira sede própria do Internacional.

São diversas as contribuições da biblioteca em produções diretas da mídia do Inter, assim como dos demais setores do clube, que sempre utilizam o acervo para corroborar seus trabalhos sobre a instituição e a comunidade em que ele se insere.

A riqueza do acervo da biblioteca permite que cruzemos fontes literárias de cronistas do início do século passado, como o caso de Achilles Porto Alegre e Archymedes Fortini, a partir de suas contribuições jornalísticas, com o desenvolvimento do desporte na sociedade gaúcha. De obras básicas do direito brasileiro até pérolas da literatura indiana, a biblioteca é uma riqueza de fontes culturais e informacionais que proporcionam aos seus usuários diferentes formas de satisfação.

Há 14 anos sou a bibliotecária responsável por esse tesouro. De um contrato de três horas semanais até minha contratação efetiva como colaboradora, foram alguns anos de persistência, resistência e dedicação para fundamentar comprovadamente que o bibliotecário é legal e estruturalmente o profissional capacitado. Com minhas práticas, demonstrei e comprovei à instituição o valoroso trabalho que o profissional de Biblioteconomia pode desenvolver, contribuindo para o crescimento geral de todas as ações institucionais. Informação é o insumo de toda sociedade.

Dentro da proposta de uma biblioteca participativa, democrática e acolhedora, desenvolvo projetos que visam integrar ações sociais. Desde o letramento/alfabetização e estímulo à leitura até a pesquisa, vivências afetivas, contato com as artes em geral e reintegração social, além de ações de organização, difusão e resgate da história do Internacional.

Há 11 anos desenvolvo o Projeto Letrinhas Coloradas, cujo público-alvo são crianças e pré-adolescentes atendidos pela fundação, público este que vive em situação de vulnerabilidade social. Com idades que variam de 6 a 14 anos, a meninada é convidada a participar de atividades com ações multidisciplinares. Ações que vão desde o apoio às atividades escolares até participações em feiras de livros, visitas a museus e espaços culturais, além de ações no engajamento e educação social, mutirões de limpeza de praças e parques, desenvolvimento de campanhas solidárias em suas comunidades etc. Esse projeto é uma oportunidade da biblioteca transcender seu espaço físico e, ao mesmo tempo, carregar consigo todo seu conteúdo, pois livros e saberes são elementos integrados ao fazer e ao ser humano.

Em 2009, desenvolvi o Projeto Cidadania Globalizada, cujo objetivo foi proporcionar aos idosos do Asilo Padre Cacique, centenário lar de idosos de Porto Alegre, a convivência social e afetiva através de atividades lúdicas e culturais, como saraus literários, atividades de estímulo à coordenação motora, teatro, música e passeios. Buscando reintegrar esses cidadãos ao convívio social, o projeto foca na memória socioafetiva de cada integrante, enaltecendo o valor individual da pessoa através de suas vivências. Todo ser o é, seja em sua particularidade ou coletividade.

No âmbito da integração dos setores, a biblioteca trabalha diretamente com o Museu e o Arquivo Histórico do Sport Club Internacional. O Projeto Preservando Tesouros Colorados, desenvolvido com o arquivo histórico, visa recuperar, tratar e disponibilizar obras e documentos que guardam a história do clube. Com a preocupação de salvaguardar a memória colorada e suas conexões sociais, as ações do projeto vão desde convocar os torcedores pela mídia institucional para compartilharem seus "tesouros" colorados até programas na rádio Colorada em que se resgatam fatos da instituição a partir de entrevistas com ex-jogadores, colaboradores antigos e ex-diretores. Essa ação em específico só é possível devido à corroboração da fundamentação documental do acervo, no caso, da Coleção História do Sport Club Internacional. Todo o resultado da convocação do torcedor apaixonado gera as doações documentais, que são devidamente tratadas, preservadas e divulgadas em publicações veiculadas no site[18]. O blog foi desenvolvido por uma colaboradora do arquivo como trabalho de conclusão de curso na Universidade Federal do Rio Grande do Sul e se tornou um espaço oficial para o trabalho da biblioteca e do arquivo.

Ainda em parceria com o arquivo, a biblioteca realizou a 1ª Feira Colorada do Livro e do Vinil em comemoração aos 40 anos da Fundação de Educação e Cultura do SCI, e nada melhor que uma feira para compartilhar com a comunidade os resultados de todo o

[18] Disponível em: http://memoriadointer.blogspot.com.

trabalho social da instituição. A feira foi um sucesso multicultural, com o conhecimento ocupando todos os espaços.

Na interdisciplinaridade dos setores, com acervos de natureza em comum, mas com suas peculiaridades, museu, arquivo e biblioteca, somam-se em ações que aproximam a aprendizagem acadêmica e a aprendizagem cotidiana, desmistificando e promovendo competências aos alunos da Faculdade de Biblioteconomia e Comunicação (FABICO) da UFRGS nos cursos de Arquivologia, Biblioteconomia e Museologia. Proporcionando aos alunos a possibilidade de vivenciar as práticas dos profissionais numa instituição desportiva, que conta com os três setores, oferecendo aos estudantes a realidade nas rotinas das respectivas áreas.

Pensando nas diferentes tipologias de bibliotecas, pretendi apresentar a Biblioteca Zeferino Brazil, a biblioteca do clube do povo. Originada de um propósito de igualdade e cidadania, essa biblioteca serve aos seus usuários há 77 anos com a responsabilidade de contribuir para uma sociedade mais justa e solidária.

- Capítulo 14 -

A mediação de leitura na biblioteca comunitária: a contação de histórias como uma prática leitora

Julia Santos

O despertar para o gosto pela leitura muitas vezes não ocorre de maneira orgânica ou mesmo pelo incentivo dos pais e familiares, mas, sim, pela mediação de leitura, que tem como uma das atividades a contação de histórias. Esta é uma prática leitora que pode ser realizada na biblioteca comunitária e que muito contribui para a formação de novos leitores. Dessa maneira, o contato com histórias e narrativas orais e escritas desperta no público, principalmente infantil, o interesse pela leitura e pelos livros.

A biblioteca pode ser poeticamente considerada um valioso e raro tesouro e o bibliotecário, o seu guardião, porém é mais do que isso, a biblioteca é uma porta de entrada para acesso aos livros, à literatura e ao saber. Conforme diz Fonseca (2007), há definições que mostram a biblioteca como uma coleção, outra como edifício, outra também como móvel.

Para além desses significados apresentados, deve-se observar que a biblioteca representa um espaço vivo, onde o indivíduo tem acesso à informação, à leitura, à literatura, à cultura, à educação e ao lazer. Desta forma, especificamente a biblioteca comunitária se constitui como um espaço de acesso público, criado e gerido pela comunidade, fazendo uma grande diferença em seu território. Caracteriza-se também por ser um espaço democratizador do acesso à leitura e à escrita, prática esta de inclusão da comunidade ao seu direito, que antes era negado pela falta de equipamentos culturais públicos oferecidos pelo Estado no território, substancialmente nas periferias.

Por isso, a biblioteca comunitária é encarada pelos moradores locais como uma estratégia para a melhoria da qualidade de vida, nesse caso, pensada a partir do acesso ao livro e à leitura (FERNANDEZ; MACHADO; ROSA, 2018), posto que o livro, devido ao seu alto custo, não é geralmente objeto de compra das comunidades periféricas. Percebe-se então seu papel de destaque como espaço democratizador do acesso à cultura e à educação.

Neste espaço, portanto, da biblioteca comunitária é aberta a porta do debate, do pensamento crítico, das discussões e das diversas opiniões, do encontro, da interação, da participação e essencialmente da resistência cultural e política. Demonstrando assim as diversas práticas culturais e leitoras da biblioteca comunitária que evidenciam um fato importante: a periferia também lê.

Uma outra característica da biblioteca comunitária é ter pessoas receptivas, acolhedoras e sensíveis para as diversas realidades que perpassam na vida daqueles e daquelas que encontram na biblioteca um espaço também para estabelecerem relações até mesmo afetivas, de escuta e atenção, que se conduzem para uma apropriação ainda maior. Desta forma, a biblioteca comunitária como equipamento social, cultural e político tem um papel fundamental na formação de leitores dentro das comunidades em que estão inseridas, afirmando que a literatura é um direito para todos, como diz Antonio Candido (2004).

A prática da mediação de leitura e a formação do leitor estão no cerne de cada biblioteca, especialmente da biblioteca comunitária. Esta busca não só fazer essa mediação para a formação do leitor literário como também formar leitores críticos e autônomos, capazes de desenvolver o comportamento leitor da literatura e da própria existência.

Assim como todo ser humano não pode viver sem o alimento, saúde, moradia e outros quesitos básicos para sobrevivência, também não pode sobreviver sem algo que desperte na própria vida a sua humanidade. Estar em contato com a literatura é lutar pela humanização e o acesso à cultura. Como diz Candido (2004, p. 117), "a literatura desenvolve em nós a quota de humanidade na medida em que nos torna mais compreensivos e abertos", que forma o indivíduo a cada dia em busca de seus direitos numa sociedade que é predominante marcada pela desigualdade e pela segregação social.

No caso do público infantil, o contato com a leitura tem seu lugar, principalmente no ambiente escolar, desde o início da alfabetização. Todavia, algumas crianças ainda apresentam dificuldades na aprendizagem e consequentemente na sua formação como leitoras. Desta maneira, são necessárias outras formas de abordagem para ajudar na formação dessas leitoras. Desenvolver novos olhares sobre a leitura e a literatura para a infância por meio dos livros infantis e juvenis é premente a partir da mediação. Saber ler e a leitura em si permitem que todos vivam neste mundo de maneira valiosa, conquistando os seus direitos, exercendo na sociedade os seus sonhos e experimentando as diversas realidades culturais.

Mediação de leitura e a contação de histórias

É possível perceber que a mediação de leitura na biblioteca comunitária perpassa também a formação de seu acervo, que dá suporte para a formação do leitor por meio da disponibilização de livros de literatura infantil, juvenil e adulta. Além de ser necessário promover a bibliodiversidade na construção das coleções presentes no acervo da biblioteca para atender as necessidades da comunidade e também ter a pluralidade de vozes e autores, evidenciando a diversidade das produções literárias.

A ação de mediação de leitura dentro de uma biblioteca comunitária também faz parte da programação cultural e tem diversas atividades literárias para formação do leitor, como rodas de leitura, empréstimos de livros, contações de histórias com ou sem o livro, clubes de leitura, bate papo com escritores(as), saraus, *slams*, etc.

É necessário que se tenha uma combinação de mediação e transmissão entre a literatura e o ser humano, porque a contação de histórias é uma atividade que, como diz Lins (2016), também atravessa o campo da memória afetiva. Além do mais, tem um grande papel e importância o contador que conduz o ouvinte para esse universo da narrativa oral, como ensina-nos Yunes (2015, p. 199) quando diz que "quem lê em voz alta ou pronuncia um relato oral tem que chegar a recriá-lo dando-lhe sentido, de forma que possa ser expresso".

Desta maneira, a contação de história se dá como uma prática leitora, uma leitura compartilhada, uma mediação e uma transmissão de saberes que acontece entre o contador e o indivíduo, pois sabemos que os contadores de histórias, donos de memória prodigiosa, verdadeiras enciclopédias vivas, são os encarregados de perpetuar a tradição e a história de seus povos segundo Lins (2016). Contudo, também há essa relação do público com o contador, formando uma relação afetiva e de muitas trocas numa visão entre a história – que pode ter o livro ou não –, o contador e o público.

Sendo assim, a contação de história é uma prática leitora que também pode-se utilizar da narrativa oral e escrita, da musicalidade, da performance, da brincadeira, da gestualidade, do livro e de objetos que ajudam o público a mergulhar na história que está sendo contada. Diferentemente de uma leitura silenciosa e solitária de um livro pelo indivíduo.

Consequentemente, o mais brilhante na contação de histórias é que esta prática aviva em nós nossa humanidade e nossa imaginação, pois uma mesma história pode provocar em seu público diferentes reações, sentimentos e reflexões. Portanto, a contação de histórias é uma forma de mediação de leitura riquíssima, que se torna uma prática principalmente para as crianças, as quais muitas vezes se transformam no público principal. Mas isso não se restringe somente a elas, é uma ação livre para todos. Finalmente, o aspecto mais fascinante da contação de histórias é a sua facilidade na criação de vínculos sociais e culturais, que alimentam a "alma" do ser humano em contato com o outro e com a literatura.

Biblioteca Comunitária EJAAC

A biblioteca comunitária Espaço Jovem Alexandre Araujo Chaves – EJAAC surgiu em 1996 como um ambiente da Paróquia São Francisco de Assis – Valo Velho, bairro periférico da Zona Sul de São Paulo. Seu idealizador, o jovem Alexandre Araujo Chaves, e mais alguns jovens, diante das necessidades e da realidade do bairro, tinham o desejo de criar um espaço de convivência cultural e de trocas para atender toda a comunidade local.

A iniciativa começou com doações de amigos e da própria comunidade, contando apenas com uma estante de livros no espaço, mas aos poucos e com o passar dos anos foi crescendo e se estruturando. Infelizmente, o idealizador não conseguiu ver os frutos de sua iniciativa porque faleceu em virtude de um câncer, e assim foi realizada uma homenagem em sua memória, dando o nome para a biblioteca.

A biblioteca comunitária Espaço Jovem Alexandre Araujo Chaves – EJAAC, já com 25 anos de história entre altos e baixos, vem sobrevivendo por meio da atuação do coletivo de mediadores de leitura da biblioteca, de amigos e de parceiros dentro da comunidade. Além disso, também conseguiu alguns auxílios com a participação em editais públicos e fomentos, o que tem proporcionado o seu crescimento e manutenção.

Atualmente, a biblioteca está localizada na sala 3 da Associação Amigos do Bairro Chácara Santa Maria[19] e é um espaço cultural comunitário aberto a toda população, com especial atenção às crianças e jovens, proporcionando a opção de acessar, fruir e produzir cultura e conhecimento, com diversas linguagens e vivências de lazer, por meio de uma rica programação, principalmente relacionada à leitura, à literatura e ao livro.

Dentro da programação da biblioteca comunitária EJAAC está a mediação de leitura, com a contação de "estórias", que acontece atualmente no segundo sábado de cada mês. A primeira

---

[19] Mais informações - https://www.amigosdobairrocsm.org.br/

contação foi realizada em março de 2008, com a contadora Maria Mota e os livros *A verdadeira história dos três porquinhos* e *Bacurau dorme no chão*. Com essa prática leitora foi possível verificar que, depois da contação de histórias, várias crianças que estavam presentes começaram a emprestar livros e participar de outras atividades da biblioteca.

Figura 15 Imagem da primeira contação de "estórias" da biblioteca na Paróquia

Fonte: Blog da Biblioteca Comunitária EJAAC, 2008.

O perfil do público infantil da comunidade que participa da atividade de contação de histórias na biblioteca é em maioria do sexo feminino, na faixa etária entre 6 a 12 anos, sem descartar, contudo, a participação do sexo masculino e a faixa etária de 0 a 6 anos e acima de 12 anos. Essa percepção é obtida pelo controle que é realizado no livro de visitantes da biblioteca, que é preenchido diariamente pelos frequentadores da biblioteca, colocando seu nome, idade, horário e motivo da visita.

Nesse livro de visitantes é possível identificar que no dia em que há a atividade de contação de histórias, as crianças e demais participantes colocam no "motivo da visita" justificativas como: contação, ouvir histórias ou contação de histórias. Uma curiosidade particular é que, para a divulgação da atividade por flyers, blog e redes sociais, era utilizada a palavra "estórias" e não "histórias", ou seja, uma forma que é antiga e que está em desuso hoje em dia, porém era utilizada até novembro de 2020 pelos mediadores desde a sua primeira realização.

Inicialmente, a contação de "estórias" era realizada pelos próprios mediadores de leitura ou voluntários da comunidade. Mas, com o crescimento da biblioteca e seu acesso a recursos públicos, especialmente oriundos da terceira edição do Fomento à Cultura da Periferia, foi possível, no ano de 2019, contratar contadores de histórias mensalmente.

Essa forma de mediação e prática leitora realizada mensalmente pela contação de "estórias" tem um impacto ainda maior, pois se utiliza do ambiente, que não é somente o espaço da biblioteca, mas o da associação em que está localizada e também das casas dos moradores próximos à biblioteca, criando um enraizamento comunitário e cultural.

Outro fator que também podemos destacar e que percorre a contação de "estórias" é a utilização da musicalidade, da brincadeira, da gestualidade, do livro e de objetos que ajudam as crianças a mergulhar na história que está sendo contada. Essa interação não se dá exclusivamente do contador para os ouvintes, mas é criada uma inter-relação com os participantes, e estes ajudam na condução, seja por um olhar fixo e atento, por questionamentos ou até por movimentos com o corpo.

Como resultado após a vivência e experimentação da mediação de leitura pela contação de "estórias", as crianças alfabetizadas têm o interesse de emprestar principalmente livros infantis para se aventurarem em outras histórias. Ademais, aquelas que ainda não são alfabetizadas voltam frequentemente à biblioteca para ouvir novas histórias em outras contações ou nas mediações de leitura que ocorrem diariamente. Assim, é possível perceber também a importância do acervo voltado para esse público. Desta maneira, o desenvolvimento de coleção com livros infantis e juvenis de qualidade e que contemplem a bibliodiversidade é uma prática essencial na atuação da biblioteca comunitária.

A importância da existência de uma biblioteca, sendo esta principalmente uma biblioteca comunitária, se percebe fundamentalmente no seu papel e missão de auxiliar no desenvolvimento dos eixos humanos, sociais, informacionais, culturais, políticos e educacionais dentro das necessidades da comunidade e do território em que está inserida. A biblioteca comunitária tem como uma das bandeiras principais de luta e resistência o acesso e a mediação à leitura, à literatura e ao livro como um direito humano para todos.

REFERÊNCIAS

CANDIDO, Antonio. **O direito à literatura**. *In*:______. **Vários Escritos**. 4 ed. São Paulo, Rio de Janeiro: Duas cidades, Ouro Sobre Azul, 2004.

FERNANDEZ, Cida; MACHADO, Elisa; ROSA, Ester. **O Brasil que lê**: bibliotecas comunitárias e resistência cultural na formação de leitores. Olinda: CCLF; Brasil: RNBC, 2018. 200 p.

FONSECA, Edson Nery da. A biblioteca. *In*:_______. **Introdução à biblioteconomia**. 2 ed. Brasília: Briquet de Lemos, 2007. p. 48-62.

LINS, Claudia *et al.* (Org.). **A vez e a voz da literatura infantil**: o que escrevem e pensam seus autores. Maceió: Mundo Leitura, 2016. 120 p.

YUNES, Eliane. Contação de histórias: oralidade, escrita e pensamento. *In*:_______. MEDEIROS, F. H. N.; MORAES, T. M. R. (Org.). **Contação de histórias**: tradição, poéticas e interfaces. São Paulo: Edições Sesc São Paulo, 2015. p. 194-201.

SOBRE O ORGANIZADOR

Jorge Moisés Kroll do Prado - Doutor em Ciência da Informação pela Universidade Federal de Santa Catarina, mestre em Gestão de Unidades de Informação pela Universidade do Estado de Santa Catarina e bibliotecário pela mesma instituição. Docente no Programa de Pós-Graduação em Gestão da Informação da UDESC e Presidente da Federação Brasileira de Associações de Bibliotecários, Cientistas da Informação e Instituições (2020/2023).

SOBRE AS AUTORAS E AUTORES

Alex Lourenço - Graduando em Biblioteconomia pela Universidade de São Paulo. Participa do Alaye – laboratório de pesquisa em informação antirracista e sujeitos informacionais da Universidade Federal de Goiás. Atua como auxiliar de biblioteca no Colégio Santa Cruz.

Ana Maria Froner Bicca - Bibliotecária pela Universidade Federal do Rio Grande do Sul, atuando no Sport Club Internacional.

Andrea Doyle - Doutora e mestra em Ciência da Informação pelo Instituto Brasileiro de Informação em Ciência e Tecnologia, graduada em Métiers de l'Information et de la Communication pela Universite de Metz. Integra o grupo de pesquisa do projeto Rede de Conhecimentos Científicos do IBICT.

Beatriz Nogueira - Graduanda em Biblioteconomia pela Universidade de São Paulo, também formada no Técnico em Informática pelo Centro

Paula Souza. Atualmente é bolsista do Programa Unificado de Bolsas da Universidade de São Paulo em atividade de Cultura e Extensão no Laboratório Agência de Comunicação da ECA/USP. Participa do Alaye – laboratório de pesquisa em informação antirracista e sujeitos informacionais da Universidade Federal de Goiás.

Brenda Costa Fonseca - Bibliotecária pela Universidade Federal do Rio Grande (FURG). Tem experiência na área da Biblioteconomia e Ciência da Informação, com ênfase em estudos de mulheres na ciência, comunicação científica e bibliotecas escolares.

Camila Araújo Sá - Bibliotecária pela Universidade de São Paulo, articuladora sociocultural em Cidade Tiradentes e mediadora de leitura. Atua na Biblioteca no Senac Itaquera como auxiliar de biblioteca. Participa da frente de Mulheres Negras que movem Cidade Tiradentes e integra a curadoria e organização da Festa Literária de Cidade Tiradentes.

Camila Letícia Melo Furtado - Graduanda em Biblioteconomia pela Universidade Federal de Rondônia (UNIR). Membro do Grupo de Pesquisa GCInMe – Competência em Informação e Mediação.

Cinthya Boroni Mourão - Bibliotecária pela Universidade Federal do Rio Grande (FURG). Tem experiência na área da Biblioteconomia e Ciência da Informação, com ênfase em bibliotecas escolares e desinformação.

Davina Marques - Doutora em Estudos Comparados de Literaturas de Língua Portuguesa pela Universidade de São Paulo, mestra em Educação e pedagoga pela Universidade Estadual de Campinas e licenciada em Letras Português e Inglês pela Universidade Metodista de Piracicaba. É docente no Instituto Federal de Educação, Ciência e Tecnologia de São Paulo, em Hortolândia/SP.

Djuli Machado De Lucca - Doutora e mestra em Ciência da Informação e bibliotecária pela Universidade Federal de Santa Catarina. Professora do Departamento de Ciência da Informação da Fundação Universidade Federal de Rondônia e líder do Grupo de Pesquisa GCInMe – Competência em Informação e Mediação.

Erinaldo Dias Valério - Doutor em Ciência da Informação pelo Instituto Brasileiro de Informação em Ciência e Tecnologia, mestre em Ciência da Informação pela Universidade Federal de Pernambuco e bibliotecário pela Universidade Federal do Ceará. Docente do Curso de Biblioteconomia da Universidade Federal de Goiás e do Programa de Pós-graduação em Biblioteconomia da Universidade Federal do Cariri. Coordena o Alaye - laboratório de pesquisa em informação antirracista e sujeitos informacionais.

Felínio Freitas - Mediador de leitura e mestrando no Programa de Pós-Graduação em Artes da Universidade Estadual Paulista. Atualmente é bolsista da Coordenação de Aperfeiçoamento de Pessoal de Nível Superior (CAPES).

Genilson Geraldo - Doutorando e mestre em Ciência da Informação e bibliotecário pela Universidade Federal de Santa Catarina. É bolsista do Conselho Nacional de Desenvolvimento Científico e Tecnológico.

Gisele Camargo Monteiro - Mestra em Ciência da Informação pelo Instituto Brasileiro de Informação em Ciência e Tecnologia e Universidade Federal do Rio de Janeiro e bibliotecária pela Universidade

Federal Fluminense. Atua na Biblioteca Professora Rilma Alvarenga Rodrigues (Itaboraí, RJ).

Julia Santos - Bacharel em Biblioteconomia e Ciência da Informação pela Fundação Escola de Sociologia e Política de São Paulo. Atua como bibliotecária, gestora cultural e mediadora de leitura na Biblioteca Comunitária Espaço Jovem Alexandre Araújo Chaves, que integra a Rede LiteraSampa, que faz parte da Rede Nacional de Bibliotecas Comunitárias.

Luma Almeida - Graduanda em Biblioteconomia pela Universidade de São Paulo e técnica em Biblioteconomia pela Escola Técnica do Parque da Juventude. Também é artesã e artista têxtil em formação, interessada especialmente em poéticas relacionadas ao bordado livre e técnicas relacionadas.

Marcos Teruo Ouchi - Mestre em Ciência da Informação e bibliotecário pela Universidade Federal de São Carlos. Fundador da Gambatê! e bibliotecário e cientista da informação na Prefeitura Municipal de São Carlos, professor convidado do ITI UFSCar e coordenador do MBA em Innovation & Lean Startup da UFSCar.

Marli Dias de Souza Pinto - Doutora em Engenharia de Produção, mestra em Administração e bibliotecária pela Universidade Federal de Santa Catarina. Docente no Programa de Pós-Graduação em Ciência da Informação e do Departamento de Ciência da Informação da Universidade Federal de Santa Catarina.

Nirlei Maria Oliveira - Mestra em Ciência da Informação pela Pontifícia Universidade Católica de Campinas e bibliotecária pela Escola de Biblioteconomia. Atua no Instituto Federal de Educação, Ciência e Tecnologia de São Paulo, em Hortolândia/SP. É também poeta, com poemas publicados em livros e revistas.

Odilia Barbosa Ribeiro Fernandes - Mestranda em Ciência da Informação pela Universidade Estadual de Londrina, licenciada em Letras Português/Francês pela Universidade Estadual Paulista e bibliotecária pela mesma instituição. Atua no Centro Educacional Marista Irmão Acácio.

Paula Carvalho de Andrade - Bibliotecária pela Universidade Federal do Rio Grande (FURG). Tem experiência na área da Biblioteconomia e Ciência da Informação, com ênfase em indicadores bibliométricos, estudos de mulheres na ciência e comunicação científica.

Pietra Gomes Ramires - Bibliotecária pela Universidade Federal do Rio Grande (FURG) e Mestranda em Letras no Programa de Pós-Graduação em Letras da mesma instituição. Tem experiência na área de Biblioteconomia, com ênfase em análise documentária, literatura ficcional e estudos de mulheres na ciência; e na área de Linguística.

Sandra Helena do Carmo Rodrigues - Formada em Língua e Literatura Unincor, pesquisadora de folclore e cultura popular, historiadora com especialização em História e Cultura na Contemporaneidade pela Pontifícia Universidade Católica de Minas Gerais, cursando Biblioteconomia. Atua na Biblioteca Pública Ary Furtado de Minduri - MG.

Tamires Cassia Rodrigues Okada - Mestranda em Ciência da Informação pela Universidade Estadual de Londrina e bibliotecária pela mesma instituição. Atualmente é bibliotecária no Marista Escola Social Santa Mônica e Colégio Marista PIO XII, em Ponta Grossa (PR).

Esta obra foi composta em Arno pro light 13 para a Editora Malê
e impressa na gráfica PSI em São Paulo em março de 2022.